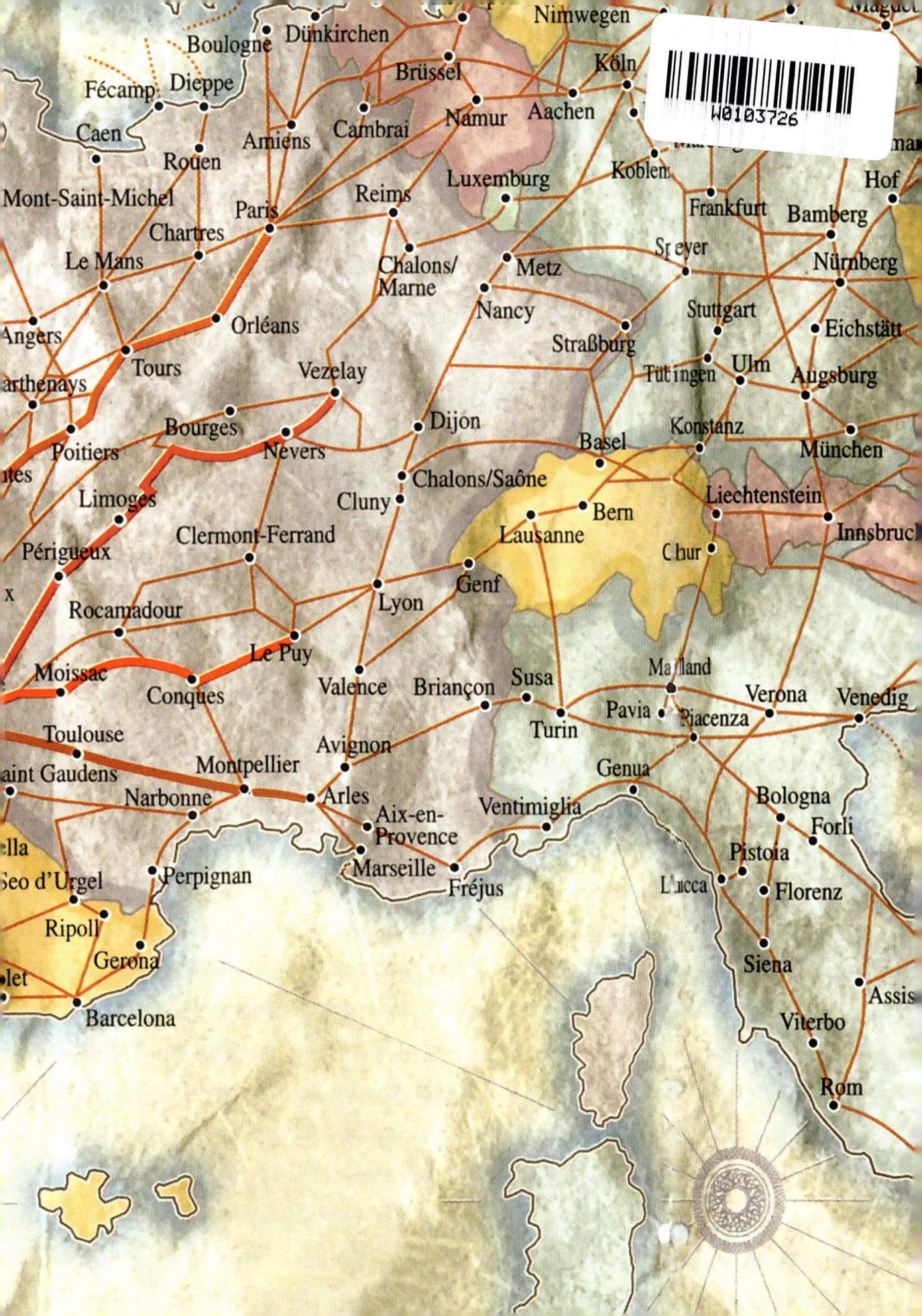

Kurt Benesch / Rolf Hesse

SANTIAGO DE COMPOSTELA

Kurt Benesch

SANTIAGO DE COMPOSTELA

Als Pilger auf dem Jakobsweg

Mit Fotografien von ROLF HESSE

FREIBURG · BASEL · WIEN

INHALT

Vorwort 6

Am Ende der Welt 8
   Und sie nannten den Ort Santiago, nach seinem Namen 10
   Auf Jakobs Spuren heute 13
   Das Lächeln des Pilgerweges 16
   Eine veränderte Welt 18
   Verstand und Wunder 20
   Das Fest der Stiere 23

Die Legende um das Apostelgrab 26
   Legenda aurea 28
   Legende und Wissenschaft 31
   Vom Werden einer Legende 36
   Nach dem Wollen des Menschen 39
   Der Sternenweg 41
   Orlando furioso 45
   El Cid – Glücksritter und edler Herr 47
   Die Wandlungen eines Heiligenbildes 50

Santiago, hilf! 56
   Gerüstet mit Fahne und Schwert 58
   Die Eroberung 61
   Karl der Große 64
   Der Sieg von Covadonga 67
   Toleranz und Intoleranz 69
   Die Ritterorden 72
   Kreuzzüge nach Ost und West 75
   Camino und Reconquista 78
   Reliquien gesucht 82

Der Weg des Weges... 86
    Aufschwung und Niedergang 88
    Kirchen am Weg 94

Viele Wege und ein Weg 100
    Unterwegs zum großen Ziel 102
    Via Tolosana 104
    Via Podensis 110
    Via Lemovicensis 114
    Via Turonensis 118
    Roncesvalles 123
    Der Königsweg 125

Auf dem Weg zum Herrn 140
    Sehnsucht nach dem heiligen Ort 142
    Veneranda dies – Blütezeit des Pilgerwesens 145
    Sklaven und Jakobsbrüder 149
    Gourmets und Kavalierspilger 154
    Ultreya Santiago! 157

Zeittafel... 166

Quellen 169

Das Ziel aller Jakobswegpilger – die Kathedrale von Santiago de Compostela.

VORWORT

Je mehr wir im Überfluss leben, umso fragwürdiger wird er uns. Die materiellen Dinge scheinen schal geworden – viele Menschen suchen nach mehr.

Und es gibt dieses „Mehr". Es gibt etwa den Jakobsweg nach Santiago de Compostela, den uralten Schicksalsweg der europäischen Geschichte. Millionen Menschen sind ihn gepilgert, durch viele Jahrhunderte hindurch, mit dem Ruf „Ultreya Santiago!" auf ihren Lippen – und das zieht den Menschen von heute immer mehr an.

Pilger sein, peregrinus, pèlerin – ein Fremder auf Erden, der das Heil in der Fremde sucht, über viele Stationen, bis zum Ziel.

Als erster Pilger gilt Adam, weil er das göttliche Gesetz überschritt, das Paradies verlassen musste und in die Verbannung dieser Welt geschickt wurde. Kapitell im Kreuzgang des Klosters San Juan de la Peña (12. Jh.).

Was er dort sucht? Den Ausbruch aus dem immer banaleren Alltag, aus den erstarrten Regeln der sogenannten Vernunft. Die Möglichkeiten des Glaubens an das Mysterium, das ihm bestimmt ist. Oder auch nur den Trost schlichter romanischer Steinfiguren und ihrer stummen Botschaft – einen ersten Anfang.

Den Jakobsweg gehen heißt, sich selber suchen und vielleicht am Grunde der eigenen Seele das Wunder entdecken.

Kurt Benesch

UND SIE NANNTEN DEN ORT SANTIAGO, NACH SEINEM NAMEN …

Es war ein wilder, abgelegener Landstrich an der westlichen Grenze des Reiches. Finis terrae nannten ihn die Römer, Finisterre heißt heute noch das Kap am Atlantischen Ozean – und auch für die späteren Eroberer der Iberischen Halbinsel, für Vandalen, Westgoten und Mauren, lag es unendlich fern von den Zentren der Welt.

Eines Tages aber gingen Legenden von Mund zu Mund, sie erzählten vom heiligen Jakob, einem Apostel des Herrn aus dem fernen Palästina. Sie erzählten, dass Jakobus vor langer Zeit gekommen war, damit die Menschen wieder an diesen Herrn Jesus glaubten, und dass er wiedergekommen war, um sich in ihrer Erde begraben zu lassen, um auch jetzt bei ih-

Trotz der geographischen Randlage machten sich seit dem 9. Jh. viele Pilger auf den gefahrvollen Weg zum Apostelgrab. Pilgerzug, Wandmalerei (14. Jh.), St. Pierre, Brancion (Burgund).

nen zu sein. Und da die Menschen diesen Erzählungen glaubten, kamen sie zu seinem Grab und nannten den Ort Santiago nach seinem Namen. Sie kamen aus den umliegenden Dörfern, um seine Hilfe zu erflehen und um Gnade zu bitten für ihr sündiges Leben, und sie kamen von weit her, und in immer größeren Scharen. Sie kamen aus Frankreich und Deutschland, aus den Niederlanden und aus Italien, Bischöfe und Könige und adlige Herren und die Ärmsten der Armen. Sie kamen in Kutschen und auf prächtig gezäumten Pferden oder auf Stöcke gestützt, in elendem Schuhwerk und mit blutenden Füßen. Sie kamen begleitet vom Klang der Flöten, Schalmeien und Zimbeln zur Unterhaltung, die sie gewohnt waren, begleitet noch hundertmal mehr von den Seufzern des Elends, das sie über den steinigen Weg mit sich schleppten. Begleitet von Liedern, Litaneien und Gebeten zu dem, der sie in Santiago erwartete und als Pilger mit ihnen war, der sie vor Betrügern und Räubern beschützte und vom Himmel herabkam, um zu kämpfen, wenn die Mauren, die das Land im Süden besetzt hielten, wieder einmal über den Ebro und den Duero kamen, um Felder und Dörfer zu verwüsten.

Bald reichte der Weg, den die Pilger kamen, der „Camino", wie sie ihn nannten, der „Camino antigou", der „Camino

Pilger auf der Plaza de la Quintana, Ostseite der Kathedrale von Santiago de Compostela. Links: Kap Finisterre.

Modernes Pilgerdenkmal nahe der Kathedrale von Burgos.

francés", der „Jakobsweg", der „Sternenweg", über 700 Kilometer von Santiago bis zur spanisch-französischen Grenze, und bald kamen auch Zubringerwege in Frankreich dazu, vier Wege, aus Paris, aus Vézelay in Burgund, aus Le Puy im Zentralmassiv und aus Arles in der Provence, und das waren erste Sammelorte für die weiteren Pilger aus dem Norden und dem ferneren Osten. Sie begannen mit ihrer Pilgerschaft, wie man weiß, etwa im 9. Jahrhundert und pilgern noch heute; in manchem Jahr waren es bis zu 400.000 – man zählte sie mit Erbsen in Behältern an den Eingängen der Kathedrale von Santiago – und 1876 sollen es, auch zum Fest des Heiligen, kaum 40 gewesen sein. Im Heiligen Jahr 2004 waren es zwölf Millionen, und sie kamen im Auto, im Bus, im Zug und im Flugzeug. Mehr als 170.000 legten die gesamte Strecke zu Fuß oder mit dem Fahrrad zurück.

Fromme Stifter begannen schon bald entlang dieses Weges Kirchen und Klöster zu errichten, die der Besucher noch heute bewundert. Sie schufen Kapellen und steinerne Kreuze, um dort zu beten, bauten zur Sicherheit ihres Weges Straßen und Brücken über die reißenden Flüsse, Herbergen und Hospitäler, um auszuruhen und zur Pflege der Kranken. Viele von ihnen kamen nie mehr in ihre Heimat zurück und ruhen nun in geweihter Erde entlang des Camino, noch bevor sie das heilige Ziel ihrer Pilgerschaft in Santiago de Compostela erreichten.

AUF JAKOBS SPUREN HEUTE

Wer sich heute aufmacht, um über den uralten Pilgerweg nach Santiago zu kommen, wird das sicher nicht immer in jener bedingungslosen Frömmigkeit tun, die mittelalterliche Wallfahrer dazu trieb, Entbehrungen und Gefahren aller Art auf sich zu nehmen. Heute sind es gleichermaßen Kulturtouristen, Fitnessmarschierer und gläubige Wallfahrer, die über diesen Weg ziehen – sie besuchen dieselben Orte und hören die gleichen alten Geschichten, und man müsste schon völlig teilnahmslos sein, um davon nicht berührt zu werden. Auch Glaubensfreude und Trauer über die Unfähigkeit zu glauben, können verbinden, und liest man moderne Berichte, so erfährt man, wie auf diesem Weg alte seelische Wunden aufbrechen, Wunden, aus denen bereits Zweifel und Skeptizismus gewachsen sind.

Mag sein, dass in unserem Jahrzehnt, in dem der Materialismus einiges von seinem Glanz verloren hat und der Glaube an die grenzenlose Machbarkeit aller Dinge allmählich schwindet, die Botschaft des Camino wieder besser verstanden wird. Mag sein, dass der Parcours durch alle Disziplinen des New Age, für viele enttäuschend und desillusionierend, das Verständnis für mittelalterliche Mystik wieder aufleben lässt. Dazu kommt, dass gerade in unserer Zeit der Inflation der Worte, des oberflächlichen Geschwätzes, da jeder echte Dialog absterben muss, die steingewordenen „Predigten" des Jakobsweges wieder auf fruchtbaren Boden

Immer mehr Menschen machen sich heute zu Fuß auf den Weg nach Santiago de Compostela.

fallen. Der neue Internationalismus hat hunderte Piktogramme zu unserer Orientierung in Straßen, Supermärkte und Untergrundbahnen gesetzt und dadurch vielleicht auch das Verständnis für die Aussage bildlicher Darstellungen wieder geweckt, die im Mittelalter auch dem schlichtesten Menschen den Zugang zu den Aussagen der Bibel möglich machte.

Dazu kommt die Suche des orientierungslosen Menschen nach der eigenen Identität, ob auf den Spuren der Ge-

Der gelbe Pfeil weist den Weg – dank der Freunde des Jakobswegs ist der Verlauf des Camino gut markiert.

schichte zurück in seine Vergangenheit, ob durch Meditation zur Erfahrung des innersten Selbst oder durch kontemplatives Sich-Versenken in Werk und Wort Gottes.

Freilich, ganz verlassen war der Camino zu keiner Zeit, und noch immer, schon oder wieder existieren die Jakobsbruderschaften, von denen noch zu reden sein wird. So erzählt der „Aktivist" Francisco Beruete von der Vereinigung der Freunde des Jakobsweges in Spanien, die mit ihren Aktivitäten im Jahre 1956 begann: „Unser Ziel war es, die Pilgerfahrten wieder zu fördern und den Jakobsweg bekannt zu machen. Wir sind eine Art Bruderschaft. Im Mittelpunkt unserer Aktivitäten ist nicht nur Santiago selbst, sondern vor allem ‚El Camino', der Weg …

Anfangs arbeiteten wir ohne behördliche Zulassung, später verlieh man uns aber sogar das Prädikat einer ‚Vereinigung von öffentlichem Interesse'. Unsere erste größere Aktivität war die Veranstaltung einer Woche mittelalterlicher Studien, an der Wissenschaftler aus ganz Europa teilnahmen. Sogar aus Mexiko und den USA kamen welche angereist.

Wir wollen mit all dem aber vor allem auf die Menschen einwirken, um sie wieder zur Pilgerfahrt zu bewegen" (zitiert nach einem Bericht von Martin Bernhofer).

Und so tragen die Menschen auch heute ihr persönliches Leid und ihre persönliche Hoffnung nach Santiago. So beharren immer noch viele von ihnen darauf, hier wunderbare Hilfe gefunden zu haben. Journalisten und Schriftsteller berichten von Gruppen belgischer Strafgefangener, die vor ihrer Entlassung bei St. Jakob Hilfe für ihr neues Leben erbitten, von Kinderlosen, von Angehörigen Schwerkranker, von Menschen, die stellvertretend die gesammelten Anliegen anderer zum Apostelgrab tragen. Natürlich haben sie nicht alle den ganzen Camino vom Pass von Roncesvalles bis Santiago zu Fuß zurückgelegt, auch nicht im Auto über die moderne Straße, von der aus der Besuch der einzelnen Stationen möglich ist. Viele

Ein gut ausgebautes Netz von Herbergen und Gastzimmern bietet den Pilgern Rastmöglichkeit und Unterkunft.

verzichten auf den Weg und suchten per Flugzeug direkt das Ziel – aber Santiago, das Grab des Heiligen, haben sie auf diese Weise erreicht.

Verzichten mussten sie so freilich auf viele Begegnungen mit Zeugnissen einer jahrhundertealten Geschichte, die diese Pilgerstraße geprägt hat wie kaum eine andere. Sie durften nicht unversehens in Viana, zwischen Pamplona und Burgos, vor dem Grab des Cesare Borgia halten, jenes skrupellosen Papstsohnes aus dem spanischen Geschlecht, das von Valencia nach Rom gekommen war. Erst an solchen Gräbern beginnt man die Existenz solcher Persönlichkeiten, die man bisher nur aus Geschichtsbüchern kannte, wirklich zu begreifen: Menschen aus Fleisch und Blut, von unersättlichen Begierden getrieben, Ängsten, Schmerzen und letztlich dem Tod ausgeliefert. Cesares Vater, der berüchtigte Papst Alexander VI., elf Jahre lang Herr der Christenheit, für den seine Kinder, unter ihnen die schöne Lucrezia, Heldin ungezählter Romane, nur Figuren auf seinem politischen Schachbrett waren. Cesare aber, Kardinal, Feldherr und Abenteurer, wollte mehr sein, wollte selber das große Spiel spielen und Europas Herr werden, bis er zuletzt, im März 1507, noch keine 32 Jahre alt, auf einem Feldzug gegen Viana in einen Hinterhalt geriet und elend verblutete. Verblutet auf den Steinen des uralten Weges zum Grab eines Apostels, der in seinem Leben nie Macht besaß und dennoch nach seinem Tode die Welt bewegen und verändern sollte.

DAS LÄCHELN DES PILGERWEGES

Der eilige Flugpassagier nach Santiago wird auch nie das „Lächeln des Pilgerweges" von Santo Domingo de la Calzada kennenlernen: ein weißes Hühnerpaar, das in einer Kathedrale gehalten wird. Der „Heilige Dominik von der Straße" war kein großer Kirchenlehrer und kein Ordensgründer, er war ein tatkräftiger Einsiedler aus dem 11. Jahrhundert, der sein Leben allein dem Camino widmete und unermüdlich Straßen und Brücken baute. Und doch wurde dieser Praktiker der Nächstenliebe, der auch eine Pilgerherberge gründete, zur wohl bekanntesten Gestalt in der langen, an bedeutenden Männern reichen Geschichte des Jakobsweges. Besonders in Deutschland zeugen viele Darstellungen des sogenannten „Hühnerwunders" von der großen Verehrung, die ihm neben St. Jakob entgegengebracht wurde, man denke nur an die Stadtkirche in Winnenden, an Überlingen oder den Dom zu Aachen, an das „Galgenwunder" aus der Nürnberger Schule in der Fränkischen Galerie im bayerischen Kronach. Auch dieses Wunder hat seine Geschichten in verschiedenen Versionen, und sie alle laufen auf einen Tatbestand hinaus: Da wurde einer bayerischen Pilgerfamilie in einer Herberge heimlich ein silberner Becher ins Gepäck praktiziert. Auf eine Anzeige hin verfolgte die Polizei die frommen Pilger, die ihre Unschuld durch nichts beweisen konnten. Einer musste die Schuld auf sich nehmen, es war der Sohn, und er wurde für sein „Vergehen" gehenkt. Nach 30 Tagen, als die Pilger wieder aus Santiago zurückkamen, fanden sie ihren Sohn am Galgen – und immer noch lebend. St. Jakob – in einer anderen Version „Dominik von der Straße" – hatte ihn die ganze Zeit an den Füßen gehalten, damit sein Genick nicht brach. Als seine Familie nun dem Richter den ungewöhnlichen Vorfall vortrug und um Revision des Urteils bat, das ja immer noch nicht vollstreckt war, wollte dieser nicht glauben. Er saß gerade zu Tisch, um ein paar knusprige Hühner zu verspeisen, und bemerkte voll Hohn, der Delinquent sei bestenfalls so lebendig wie diese Hühner auf seinem Teller. Da begannen die Hühner sich plötzlich wieder zu regen und flatterten mit aufgeregtem Gegacker auf und davon.

Zur Erinnerung an dieses Ereignis wird seit damals nahe dem Grab des heiligmäßigen Mönchs in einem reich geschmückten Käfig ein schneeweißes Hühnerpaar gehalten, und Hüter dieser beiden Tiere zu sein, gilt bis heute als Ehrenamt.

Natürlich lässt sich keiner, der über den Pilgerweg schreibt, diese Geschichte entgehen, und auch nicht die von dem Hahn, der offenbar immer im richtigen Augenblick zu krähen weiß. Einmal soll er sich in Pose gestellt haben, als sich niemand fand, der während der Messe auf Wunsch des Priesters eine spontane Fürbitte sprechen sollte, ein andermal auf Geheiß seines Hüters, als Leute vom Fernsehen danach verlangten. Und je nach religiöser Einstellung des Berichtenden erscheint die ganze Angelegenheit als liebenswert schrullige Geschichte oder als Musterbeispiel naiver Tradition. Das Wesentliche aber ist wohl nicht, was damals exakt geschehen ist, denn das bewusste Körnchen Wahrheit ist längst von der Zeit verschüttet. Die Botschaft an unsere Tage besteht vielmehr in Vertrauen, Erinnerung und Dankbarkeit über das aktuelle Geschehen hinaus – verkörpert in einer Henne und einem Hahn.

ALTES PILGERLIED

Oh wie froh waren wir doch
In Santo Domingo,
Als wir den Hahn krähen hörten
Und das Gegacker der Henne.
Wir traten vor das Gericht:
Sechsunddreißig Tage hing
Der Sohn am unrechten Galgen.
Aber der Vater fand ihn noch lebend,
Als er zurückkam von Santiago.

St. Jakob hält den unschuldig gehenkten Pilger an den Füßen und rettet sein Leben. Nürnberger Schule, (um 1525). Links: Hühnerkäfig in der Kathedrale von Santo Domingo de la Calzada.

EINE VERÄNDERTE WELT

Die Jakobsmuschel ist damals wie heute das Erkennungszeichen der Santiago-Pilger. Auf der Route findet sie sich immer wieder als Wegmarkierung.

Moderner Pilgerstein als Wegweiser bei Lubián.

Die Vergangenheit wird am Camino in den verschiedensten Formen lebendig. Kaum irgendwo sonst findet sich eine ähnliche Fülle romanischer Kirchen mit in ihrer majestätischen Kargheit unbeschreiblich schönen Innenräumen, mit diesen feierlich statuarischen Figuren aus Stein, die Geschichten aus der Bibel für jene darstellen, die keine Heilige Schrift lesen konnten, an Kapitellen, Altären und den mit Skulpturen geschmückten Bogenfeldern der Kirchenportale. Wo sonst stößt man auf solche Herbergen mit uraltem, dickem Mauerwerk, auch wenn sich dahinter oft der ganze Komfort moderner Luxushotels verbirgt! Überhaupt hat sich seit damals vieles geändert. An der dürftigen Bewaldung der Landschaft erkennt man den Raubbau vieler Jahrhunderte, den man erst jetzt durch Aufforstung wiedergutzumachen sucht. Die großen Seen wie jener bei Yesa am Río Aragón sind künstlich aufgestaut und versorgen weite Gebiete Nordspaniens, bis hinunter nach

Gernika: Jakobus-Wegweiser in baskischer Sprache.

Madrid. So manche für die Pilger mühsam errichtete Brücke wurde von solchen Stauseen längst überflutet, und auch die warmen königlichen Bäder aus der Römerzeit, die noch der „Liber Sancti Jacobi" preist, gibt es nicht mehr. Auch die Verkehrsverhältnisse haben sich längst verändert, Orte, die man heute bequem mit dem Auto erreicht, konnten noch vor wenigen Jahrzehnten nur Ziele für den Pilger zu Fuß oder zu Pferd sein. Und wie die Landschaft, wie Viehzucht und der Anbau neuer Nutzpflanzen, so haben sich auch die Menschen verändert, und mancher Bauer in einem der stillen Dörfer, in denen schon ganze Straßenzeilen verfallen und verlassen dastehen, blickt heute voll Misstrauen auf die Fremden, die statt mit dem Auto oder dem Bus wieder zu Fuß kommen, zu zweit oder gar allein. Dabei erinnert man sich, dass die aus dem lateinischen peregrinus kommenden Worte peregrino, pellegrino, pèlerin, pilgrim, Pilger, eigentlich „der aus der Fremde kommt" heißen oder auch „der sein Heil in der Fremde sucht". Es ist im Übrigen gar nicht so schwer, dem „Camino antiguo" nachzugehen – auch wenn heute schon mehr als 300 Kilometer von bequemen Asphaltstraßen überdeckt sind. Wie sein Verlauf im Mittelalter durch verschiedene Pilgerführer beschrieben wurde, so findet man heute dank der Arbeit von Bruderschaften, Pfarreien und Pilgerherbergen verschiedenartigste Markierungen zur Orientierung.

Dienst am Pilger – die klassische Wegmarkierung, der gelbe Pfeil.

VERSTAND UND WUNDER

In die Fremde gehen, an die Grenzen gehen, sich auf einen beschwerlichen Weg begeben – und doch Zugang finden zu seelischer Kraft.

Zwei französische Journalisten, die vor etlichen Jahren nach Santiago wanderten, haben errechnet, dass jeder von ihnen fast zwei Milliarden Schritte tun musste – eine gewaltige Herausforderung, und nicht jeder ist ihr gewachsen. Nun hat auch unsere säkularisierte Gesellschaft begonnen, den Wert der Bewegung neu zu überdenken, und damit ist nicht der allseits praktizierte Körperkult gemeint, dem oft Opfer gebracht werden, wie keine Religion sie fordern dürfte, ohne heftig angegriffen zu werden.

Von ainem unschuldigen Jüngling, welicher sambt seinen Eltern ein Walfahrt zu dem heiligen Apostel Jacob gen Compstell verrichten woellen, aber underwegen fälschlich eines Diebstahls bezüchtigt, und mit dem Strang hingerichtet worden, doch durch Hülff und Beistand der Mutter Gottes und des Heiligen Apostels Jakobi an dem Strick unverletzt und lebendig verbliben und endlich einen von der Walfahrt widerkehrenden Eltern loss und ledig geben worden, wie soliches weitläufiger beschreibt Lucius Marinaeus, lib 5. de rebus Hispanicis, cap. ultimo. Gehalten in dem Ertzherzoglichen Gymnasio zu Inssprugg den 16.Octob. Anno Domini MDCXXIV.

Titel einer 1624 im Erzherzoglichen Gymnasium zu Innsbruck aufgeführten Tragikomödie. Zitiert von Klaus Herbers in „Der Weg der Jakobspilger" von Yves Bottineau.

Vielmehr ist die Rede von jenen, die erkannt haben, dass Gehen – wie auch das Laufen – über das normale Maß hinaus auch psychische Veränderungen zur Folge hat. Gehen in Form der mühseligen Pilgerschaft war sicher schon immer eine asketische Übung, in der Sprache des einfachen Menschen ein Opfer, das oft unsägliche Qualen bereitete und nicht selten zum Tod führte. Aber es scheint auch unbestritten und empirisch belegt, dass diese Anstrengung seltsame Phänomene auslösen kann. So wirkt sie wie ein Narkotikum: Letzte Kraftreserven werden mobilisiert, das bewusste Denken setzt aus. Nach der Überwindung eines bestimmten Punktes schwindet auch die Kraft, sich frei entscheiden zu können: den nächsten Schritt tun oder innehalten. Da scheinen sonst unterdrückte Empfindungen den Gehenden zu beherrschen. Nicht zu unterschätzen ist auch das Moment der Rast,

In Stein gearbeitetes Hoffnungsbild des menschlichen Glaubens: Selige Pilger im jüngsten Gericht, Kathedrale von León.

des Einkehrens in die Herberge. Da wird schon die Erfüllung banalster Bedürfnisse, Essen und wärmendes Feuer und erquickender Schlaf auch auf dem härtesten Strohsack zum Luxuserlebnis. Aber auch geistige Dimensionen öffnen sich: Der Jakobsweg bietet nicht nur dem Wanderer über Hunderte beschwerlicher Kilometer einen Zugang zu seelischer Kraft, auch der mit modernen Verkehrsmitteln Reisende kann ihn hier finden. Die indische Weisheit, dass der Mensch zu dem wird, was er sieht, scheint sich hier überall zu bestätigen. Das Erlebnis der heroischen Berglandschaft, der ungewohnten Farben, des Lichts in seiner Härte und Klarheit sowie die Kunst der Romanik oder der Gotik in ihren schlichten architektonischen Formen, in ihren gigantischen Ausmaßen zur Aufnahme der Pilgermassen, dringen tief in den Betrachter ein und erfüllen ihn ganz. Die nonverbale Kommunikation mit den immer wieder neu vor seinen Augen auftauchenden Abbildern der Jakobslegende und unendlich viel menschliches Leid und menschliche Hoffnung, die Unzahl von Stoßgebeten und Liedern, die von jedem Quadratmeter Bodens zum Himmel stieg, haben dem Weg seine eigene Seele gegeben. Dieser Weg vermag zu fordern und zu trösten, die Bereitschaft dazu natürlich vorausgesetzt – und so konnte es nicht ausbleiben, dass in unserem Zeitalter auch neues magisches Denken sich den Geheimnissen des „Sternenweges" zu nähern suchte. Sei es wie Louis Charpentier, der schon 1971, als die Propheten des Wassermannzeitalters ihre erste Glanzzeit erlebten, den Camino als „Initiationspfad" mittelalterlicher Handwerker, besonders der Steinmetze zu erklären suchte, der einen mys-

Ob Weinstöcke und Reben in der Rioja oder alte Pilgerkreuze am Wegesrand – der Camino öffnet den Raum für existentielle Fragen.

tischen Zusammenhang mit den Bahnen der realen Himmelskörper behauptet und auch die Streckenführung des Camino mit gewissen Breitengraden in Beziehung setzt und das Geheimnis als viel älter erklärt als die Existenz des Apostels.

Dass fromme Zeitgenossen den Camino eine „Ader des Glaubens" nennen, mag vielen als poetische Übertreibung erscheinen. Aber es lässt aufhorchen, dass kein Geringerer als Papst Johannes XXIII., ein Mann, den man sicher nicht naiver Wundersucht bezichtigen kann, Santiago de Compostela „den Leuchtturm des Universums" nannte, dem Ort also eine Sonderstellung zuwies, die weit über die Bedeutung einer üblichen mittelalterlichen Wallfahrtsstätte hinausgeht. Und noch viel weiter über seine politisch-historisch-soziologische Bedeutung. Vielleicht sind die Worte des Papstes geradezu prophetisch zu verstehen: Je weniger Raum der moderne Mensch geistigen Werten in seinem Alltag einräumt, je mehr materielles Denken sein Leben beherrscht, desto bedrohlicher scheint sich dieses Defizit auszuwirken, weitaus bedrohlicher als etwa ein Mangel an Vitaminen oder Spurenelementen. Der Jakobsweg bietet eine Überfülle von Glaubenselementen, auch für jene, die ohne ihn nichts zu vermissen meinen. Santiago de Compostela am Ende der Welt – der Weg dahin führt aus der vertrauten Welt der Gewohnheiten durch eine lange Vergangenheit in eine andere Gegenwart. Hier ging es immer um existentielle Fragen: Gesundheit, Kinder, Buße für eine Schuld, Vergebung einer Schuld; um die Möglichkeit, existieren zu dürfen, hier und über den Tod hinaus.

Ist der Camino mit seinen unzähligen Reliquien und Friedhöfen für Tausende Pilger ein Weg des Lebens? Das Leben, die Einheit von Körper und Seele, die Verkündigung der Auferstehung betrifft den ganzen Menschen, am Ende der Zeit liegen Santiago, Santo Domingo und alle anderen lebendigen Wirklichkeiten. Der Weg der Toten ist ein Weg des Lebens.

DAS FEST DER STIERE

Stadtfest in Pamplona zu Ehren des Schutzheiligen San Fermín. Im Zentrum steht der berühmte Stierlauf.

Natürlich hat das alles auch seinen pragmatischen und ökonomischen Aspekt. Wir wissen, wie sehr Durchzugsstraßen und Handelsrouten über Wohlstand und Untergang ganzer Städte entscheiden können. Das einst blühende San Gimigniano beispielsweise in der Toskana musste völlig verarmen und veröden, als die Kaufleute ihre Route änderten. Erst in unserer Zeit konnte es dank kunsthistorisch interessierter Touristen und der Unterstützung der UNESCO wieder einen unerwarteten Aufschwung erleben. Einen Aufschwung, vor dem man den Jakobsweg eher bewahren müsste, sollte dieser dank seiner künstlerischen Kostbarkeiten zu einem ähnlichen touristischen Erfolg werden. Man muss nicht zu den Esoterikern zählen, die jeder Station des Camino eine geheime magische Bedeutung beimessen, um zu spüren, dass hier Ort für Ort und Heiligtum um Heiligtum eine Art Kreuzweg Europas bilden, eine einzigartige Kette aus Stein, Geschichte und Glauben, deren Charakter nur allzu leicht zerstört werden könnte. Es bleibt zu wünschen, dass hier nicht der übliche Massentourismus einsetzt. Aber auf dem Camino sind schon so viele Wunder geschehen – könnten Santiago, Santo Domingo und alle die anderen Heiligen nicht auch für ihre Straße der Meditation Gnade erwirken?

Man möchte den Menschen dazu jenen Respekt wünschen, den die „verlorene Generation" nach dem 1. Weltkrieg einem anderen, einem säkularen „Wallfahrtsort" am Camino entgegengebracht hat: Pamplona, der Stadt der Stiere. Es war Ernest Hemingway mit seinen prominenten Freunden und ihrem Tross, die alljährlich in Pamplona einfielen wie ein Heuschreckenschwarm. In jener Woche vom 6. – 12. Juli (Fest der Übertragung der Reliquien des heiligen Firminus nach San Lorenzo im Westen der Altstadt), in der es, wie auch sein Roman „Fiesta" beschreibt, jedem in der Stadt freisteht, sich von den Stieren durch die Straßen jagen zu lassen, sich niedertrampeln zu lassen oder schneller zu sein als sie, um sich ihnen dann im Kampf zu stellen. Die Schickeria von damals hat den Jakobsweg selbst wohl kaum beachtet und hätte seine stille Schönheit vielleicht gar nicht verstanden. Und doch hat die lärmende Horde sich vom Zauber der engen Gassen einspinnen lassen und etwas vom Mythos der Stiere erspürt. Die Mutprobe und die anschließenden Kämpfe in der Arena haben ihrem Lebensgefühl entsprochen, wie es die Touristenscharen, die heute das jährliche Fest besuchen, gar nicht mehr nachvollziehen können. Geblieben ist die Sensationslust, tiefere Dimensionen sind verloren gegangen. Die Mischung aus beinahe heidnischem Kult, überschäumender Lebenslust und Verzweiflung ist heute zu bloßer Schaulust verkommen. Ob uns da die alte Legende um den angeblich in Santiago begrabenen Jakob nicht immer noch näher liegt? Seltsam, dass auch in ihr wilde Stiere eine Rolle spielen, wenn auch als die dem barbarischen, egoistischen Menschen überlegene Kreatur. Ihr Instinkt befähigt sie, Heiliges zu erkennen und ihm zu dienen.

Wie ja in dieser Legende – von der wir bald lesen werden – die ganze Schöpfung von einem einzigen Willen bewegt erscheint: Pflanzen, Tiere und selbst die leblosen Steine. Erstaunlich in einer Zeit, in der das Christentum die Natur von dämonischen Kräften missbraucht glaubte und ihr zutiefst misstraute. Noch waren die Götter Griechenlands, Roms und Germaniens in der Vorstellung selbst des Getauften lebendig. Am Portal der Kirche von Santa María la Real in Sangüesa sieht man noch heute Figuren in Stein, die vielfach als nordische Sagenwesen gedeutet werden: Sigurd, Fafner und der Drache Regin.

Selbst der heilige Jakob könnte – so meinen einige moderne Wissenschaftler – auf den Spuren einer alten Gottheit Gestalt gewonnen haben. Ebenso gut könnte man natürlich behaupten, dass manche Gestalten und Situationen als Archetypus schon immer vorhanden waren und dass sie in Dichtung oder Religionen sichtbar wurden, lange vor ihrer realen Existenz. Der moderne Esoteriker wird freilich eher der ersten Theorie zuneigen, da er das Licht im Dunkel prähistorischer Zeiten sucht, und so führen oft wissenschaftliche – oder pseudowissenschaftliche – Interessen den heutigen Reisenden zum Jakobsweg, der sich immer aufs Neue als wahre Fundgrube erweist.

Der Gläubige aber braucht alle diese Umwege und Interpretationen nicht. Er könnte den Heiligen in Compostela finden, selbst wenn man ihm mit letzter Sicherheit bewiese, dass dieser niemals dort physisch anwesend war, weder lebend noch tot. Für ihn ist Jakobus mehr als ein Name aus der Heiligen Schrift der Chris-

Heidnische Sagenwesen am Westportal der Kirche von Santa María la Real in Sangüesa.

ten, ihn haben in den letzten tausend Jahren Millionen und Abermillionen Pilger auf dem Sternenweg angerufen, auf allen Stationen der Reise und endlich am Ziel. Sie haben den Glauben an die Kraft seines Beistandes schon aus ihrer Heimat mitgebracht und in ihre Heimat zurückgetragen, nach Europa und noch viel weiter. Spiritualität wird gesteigert, vertieft, die Namen der Fischer und Zöllner aus den Evangelien werden beinahe körperlich wahrnehmbare Realität.

Der distanzierte Beobachter aber kann seine Gedanken an das knüpfen, was für ihn Symbole sind, der Zyniker kann über das bunte Treiben spotten und die Legenden als amüsante oder ärgerliche Verirrungen, als Ausgeburten primitiven Volksglaubens werten.

Aber nirgendwo sonst wird er so viel über die tiefsten Sehnsüchte des Menschen erfahren wie hier, wo in tausendjähriger Kontinuität alle die Lasten und Hoffnungen offenbar werden. Seine Suche nach Gesundheit, Glück und Frieden, nach Versöhnung mit Gott oder auch mit sich selbst. Das brennende Verlangen nach Ewigkeit.

ALTES PILGERLIED

Sie kamen aus Compostela zurück,
Ein Tauber, ein Stummer zusammen.
Der Stumme schwatzte in seinem Glück,
Da rief der Taube verzweifelt den Namen
Des heiligen Jakob:
Ach gib mir doch meine Taubheit zurück!

DIE LEGENDE UM DAS APOSTELGRAB

LEGENDA AUREA

Die Legende um das Apostelgrab in Santiago de Compostela ließ ganz Europa aufhorchen. Urplötzlich war sie aufgetaucht, Jahrhunderte erst nach dem Märtyrertod in Jerusalem, dann entstanden Geschichte um Geschichte über Leben und Wirken des heiligen Jakobus des Älteren, sie wurden ausgeschmückt und weitergegeben und bewegten die Menschen auf die erstaunlichste Weise. Kaum eine andere Heiligengestalt ist so lebendig geworden wie die des Zebedäussohnes, des Bruders des Evangelisten Johannes und Vertrauten Jesu Christi, lebendig nicht nur in der Erinnerung, sondern als einer, der immer noch handelt und aktiv in die Geschichte, in das Leben von Menschen eingreift. Ansprechpartner der Sünder und derer, die Hilfe suchen, immer gegenwärtig und oft genug sogar physisch wahrnehmbar.

Es war ein Namensvetter, Jacobus de Voragine (Varazze), Schriftsteller, Dominikaner und Erzbischof von Genua, der in dem berühmten Volksbuch „Legenda aurea" im 13. Jahrhundert die ordentliche Geschichte des großen Apostels niederschrieb. Bei Weitem nicht als Erster, aber äußerst wirkungsvoll. Als die Jünger Jesu, so heißt es darin, nach dessen Auffahrt in den Himmel in die Welt hinausgingen, um seinen Auftrag „lehret alle Völker" zu

erfüllen, soll dem Jakobus die Iberische Halbinsel zugewiesen worden sein. Er fuhr also nach Spanien, blieb dort aber ohne Erfolg, und da er letztlich nicht mehr als gezählte neun Menschen zu bekehren vermochte, entschloss er sich, wieder ins Heilige Land zurückzukehren. Doch auch dort blieb ihm der Erfolg versagt, ein Einziger ließ sich zu Christus führen.

Das sollte sich bald ändern. Es gab damals in Palästina einen Zauberer namens Hermogenes, der die Pharisäer tief beeindruckte, und als dieser von den Predigten des Jakobus hörte, schickte er seinen Schüler Philetos zu ihm, um ihn des Irrtums und der Lüge zu überführen. Der Apostel jedoch bekehrte den Mann, worauf Hermogenes alle Teufel um Hilfe anrief. Selbst ihre Macht scheiterte an der des Apostels, der dem Magier sogar seinen Pilgerstab schenkte, damit dieser sich in Zukunft gegen sie verteidigen könne. Hermogenes gab sich geschlagen, warf sich Jakobus zu Füßen und versenkte alle seine Zauberschriften im Meer.

Das Volk war zutiefst ergriffen und wandte sich dem Heiligen zu – König

St. Jakobus befreit Hermogenes den Zauberer, Gemälde von Fra Angelico (1427).

Herodes Agrippa aber konnte den Gesinnungswandel seiner Untertanen nicht ertragen und ließ Jakobus enthaupten. Das war etwa im Jahre 44 nach Christi Geburt.

Und weiter erzählt Jacobus de Voragine, man habe den Leichnam des Heiligen aus Furcht vor dessen Schändung in ein unbemanntes Boot gelegt und dem Meer, besser gesagt, dem Willen Gottes anvertraut. Und Gott lenkte das Boot nach Galicien, dem Reich im äußersten Nordwesten Spaniens, das von einer Königin mit Namen Lupa – die Wölfin – beherrscht wurde. Sie war ebenso schön wie böse und grausam, und als zwei der zurückgebliebenen Jünger das Boot mit dem Leichnam ihres einstigen Lehrers am Ufer entdeckten und sie um einen würdigen Begräbnisplatz baten, unterwarf sie die frommen Männer einer Anzahl schwerer Prüfungen. Sie bestanden die Prüfungen, und als sie zuletzt noch einen

In der Sierra de Leyre.

Feuer speienden Drachen besiegten, indem sie das Kreuzzeichen über ihn schlugen, bekehrte sich selbst die Königin.

So weit die Geschichte von dem großen Apostel aus der „Legenda aurea" des Namensvetters Jacobus, die noch durch viele weitere Legenden bereichert wurde. So etwa sollen die wilden Stiere, die vor den Wagen mit dem Leichnam des Heiligen gespannt worden waren, plötzlich lammfromm geworden und einem Stern gefolgt sein, der ihnen den Ort anzeigte, an dem der Apostel begraben werden sollte. Auch die beiden Schüler des Heiligen, Theodorus und Athanasius, die mit im Boot nach Spanien gekommen waren und deren Gebeine mit denen des Heiligen bestattet wurden, dürfen nicht vergessen werden.

Dann blieb es jahrhundertelang still um Jakobus. Aber im Jahre 813, ein Jahr vor dem Tod Karls des Großen, hatte ein Einsiedler mit Namen Pelagius (Pelayo) einen Traum. Engel erzählten ihm von dem großen Apostel, der hier in der Nähe begraben sei, und der fromme Mann gab die Nachricht sofort an Theodemir, den Bischof von Iria Flavia, weiter. Ein dreitägiges Fasten wurde angeordnet, und dann ließ der Bischof den Hügel aufgraben, den ein seltsames nächtliches Licht, vielleicht ein Stern, ihm bezeichnete. Sie fanden ein Marmorgrab und darin die Reliquie, und damit beginnt die Geschichte der Stadt Santiago de Compostela – nach Santiago, dem heiligen Jakob benannt –, ein Name, den einige mit „St. Jakob vom Sternenfeld" übersetzt wissen wollen. Andere wieder meinen, es müsse eher vom Wort „compostum" kommen, weil es hier schon seit Langem einen römischen Friedhof gab. Und auch die Herkunft von „Feld der Stelen", meinen sie, wäre möglich. Manche glauben an den wahren Kern der Legende und weisen auf die erstaunliche Langlebigkeit mündlicher Überlieferung hin, ein Faktum, das heute weniger geleugnet wird als noch vor hundert Jahren.

Der Apostel Jakobus wurde Jakobus Zebedäi genannt: Jakobus, Bruder des Johannes; Boanerges, das heißt Sohn des Donners; und Jakobus major. Er heißt Sohn des Zebedäus nicht nur dem Fleisch nach, sondern auch um der Bedeutung dieses Namens willen. Denn Zebedäus heißt, einer, der gibt oder einer, der gegeben wird. Und Sankt Jakob gab sich Gott in seinem Martyrium, und er ist uns von Gott gegeben worden zu unserem geistlichen Schutz. Er heißt Bruder des Johannes, obwohl er nicht nur der leibliche Bruder des Johannes, sondern weil er ihm auch in seinem Charakter gleich war. Sie waren beide vom gleichen Eifer beseelt, vom gleichen Verlangen zu lernen, sie wünschten sich beide mit der gleichen Inbrunst, was der Herr ihnen verheißen hatte. Sie versuchten beide mit dem gleichen Eifer, den Herrn zu rächen, und als die Samariter Christus nicht aufnehmen wollten, sagten Jakobus und Johannes: „Herr, wenn Du willst, dann befehlen wir, dass Feuer vom Himmel falle." Sie hatten beide das gleiche Verlangen nach Erkenntnis, denn besonders sie waren es, die Christus nach dem Tag des Gerichts und all die anderen künftigen Dinge fragten.

Aus: „Legenda aurea"
von Jacobus de Voragine

St. Jakobus mit seinen Jüngern über der Puerta Santa der Kathedrale von Santiago de Compostela.

LEGENDE UND WISSENSCHAFT

Ein eigenartiger Umstand, für den man immer wieder Erklärungen sucht: Da sind zwei Apostel, die an der Seite Jesu gelebt haben, Zeugen seines Wirkens, seines Leidens und seiner Auferstehung, die nun in Europa begraben liegen. Petrus in Rom, der Hauptstadt des größten Reiches der damaligen Welt – Jakobus in der Nähe von Iria Flavia, dem heutigen Padrón, einem kleinen Hafennest in Galicien ganz am Rand dieses Reiches, wo erst Jahrhunderte später das nach ihm benannte Santiago de Compostela entstehen sollte. Beide Orte wurden zu weltberühmten Wallfahrtszielen, mit deren Bedeutung nur noch Jerusalem in Konkurrenz treten konnte, und Rom war darüber hinaus auch noch das Zentrum der gesamten Christenheit und damit des Abendlandes. Und doch erregte dieses Rom zu keiner Zeit jene Stürme innerer Anteilnahme, jene Mystik der Pilgerschaft wie dieses zweite Apostelgrab. Aber vielleicht liegt es gerade daran, dass Santiago immer ein rein geistiges Zentrum blieb, das geheimnisvolle Ziel am Ende eines langen, gefahrvollen Weges, während das glanzvolle Rom seine Pilger immer auch mit seiner in vielen Jahrhunderten gewonnenen weltlichen Pracht empfing.

Santiago de Compostela hatte nichts dergleichen zu bieten, ja nicht einmal alle Vertreter der Kirche waren von der Authentizität der Reliquie überzeugt, die hier in der Erde lag. So gab es und gibt es gleich den Legenden eine Menge von Theorien, die all diese Legenden in Zweifel zogen und gleich mit der Kernfrage begannen: Wurde der Leichnam des Jakobus überhaupt je entdeckt? Oder auch nur ein Teil des Leichnams? Zumindest in Spanien? Gibt es da nicht eine Stelle bereits in der Bibel (Römer 15, 24), die schon an der Missions-

Jakobus der Ältere und seine Jünger am Portal des Colegio San Jerónimo, Santiago de Compostela.

tätigkeit des Apostels zweifeln lässt? Und ist es nicht auffällig, dass bis ins 6. Jahrhundert auch nirgends anderswo von diesem Jakob in Spanien die Rede war? Und wenn zur Auffindung des Grabes in den Jahren 1946–1959 unter der Kathedrale von Santiago tatsächlich ein römisches Mausoleum aus dem 1./2. Jahrhundert gefunden wurde, dann bestätigt dies zwar den Bericht von der Auffindung eines Marmorgrabes durch Bischof Theodemir aus Iria Flavia – ob dies aber das Grab des Apostels ist, ist damit noch nicht bewiesen. Und wenn man will – und man wollte des Öfteren –, dann interpretiert man das Ganze einfach folgendermaßen: Um den Helden der schon sattsam bekannten Legenden, den man gerade jetzt gegen die Muselmanen so gut gebrauchen kann, zu verifizieren, sucht man nun nach dessen Grab. Und da ein solches nicht zu finden ist, bedient man sich irgendwelcher Leichenreste aus dem nahe gelegenen römischen Friedhof und hat damit das gewünschte Heiligtum. Und hat ein Pilgerziel und einen Pilgerweg dahin, wie es keinen zweiten mehr gibt, mit allen seinen Folgen in Kunst und Kultur, in der politischen, geistigen, religiösen Entwicklung ganz Europas. Kein Geringerer als der große spanische Dichter Miguel de Unamuno, der sein Volk für das religiöseste Europas hielt und das Wort von der notwendigen „Hispanisierung Europas" geprägt hat, der selbst Zeit seines Lebens mit der Idee vom Weiterleben nach dem Tod und der persönlichen Unsterblichkeit und zuletzt mit dem Verlust seines Glaubens gerungen hat – auch er kam nur zu dem Ergebnis, dass kein moderner, kritischer Mensch an die Existenz der Jakobsreliquie in Santiago glauben könne.

Aber die Legenden, an die Hunderttausend andere glaubten, verwiesen alle Zweifel und alle Versuche, rational zu sein, und sie wuchsen immer noch weiter. Da hätten seine beiden Jünger den ehrwürdigen Leichnam mit Hilfe von Engeln aus dem Heiligen Land in das ferne Galicien gebracht, hieß es, und wieder andere schworen darauf, die besagten Engel hätten den Leichnam des Heiligen nicht erst in einem Boot über das Wasser, sondern gleich durch die Lüfte zu seiner letzten Ruhestätte getragen – und auch von einem gläsernen Schiff als Transportmittel war die Rede.

Wie Hubertus von Besançon schreibt, pilgerten um das Jahr des Herrn 1070 aus dem Lande Lothringen dreißig Männer nach Sankt Jakob, und sie schwuren einander Treue und Hilfe in allen Belangen. Als nun einer von ihnen krank wurde, blieben seine Gefährten fünfzehn Tage lang bei ihm, dann aber ließen sie ihn liegen;

nur einer, und gerade der, der ihm nicht die Treue geschworen hatte, blieb und wachte bei ihm am Fuß des Berges Sankt Michael. Als es jedoch Abend wurde, starb der Kranke. Da bekam der, der bei ihm geblieben war, große Angst vor dem einsamen Ort und vor der Nähe des Toten, vor der drohenden nächtlichen Finsternis und vor der Wildheit des Volkes rund um ihn. Aber siehe da, es erschien ihm Sankt Jakob in der Gestalt eines Reiters, tröstete ihn und sprach: „Gib mir den Toten und setz dich hinter mich auf mein Pferd!" Und sie ritten während der einen Nacht fünfzehn Tagesreisen weit, so dass sie noch vor Sonnenaufgang zum Berg der Freude kamen, das ist eine halbe Meile von Sankt Jakob entfernt. Dort setzte der Heilige den Pilger mitsamt dem Toten ab und gebot ihm, er solle einen Priester von Sankt Jakob zur Bestattung des Toten rufen. Seinen Gefährten aber, die den Kranken so im Stich gelassen hatten, solle er sagen, dass ihre Pilgerfahrt nichts gelte, denn sie hatten ihren Schwur gebrochen. Der Mann gehorchte und erzählte später seinen Gefährten, die sich seiner schnellen Reise wegen sehr wunderten, was Sankt Jakob ihm gesagt hatte.

Aus: „Legenda aurea"
von Jacobus de Voragine

St. Jakobus reitet mit einem toten Pilger und dessen treuen Gefährten nach Compostela. Aus der „Legenda Aurea" des Jacobus de Voragine.

Schon der weit früher bekannt gewordene „Codex Calixtinus" wusste davon, und sein Autor oder einer seiner Autoren, ein in manchen Belangen äußerst skeptischer Geist, lieferte schon damals, Anfang des 12. Jahrhunderts, gleich die Kritik dazu. Der verehrungswürdige Tag („Veneranda dies"), ein 30. Dezember nämlich, an dem nach der alten spanischen Liturgie das Fest des heiligen Jakob gefeiert wurde, gab dem Kritiker, angeblich Papst Calixtus II., die Gelegenheit zu seiner (angeblichen) Predigt, bei der er mit verschiedenen Erscheinungen rings um den Jakobskult herzhaft ins Gericht ging. Vor allem mit den „Hohlköpfen", die ernsthaft daran glaubten, dass der (doch geköpfte!) Leichnam unversehrt (!) in Begleitung eines Engels über das Meer gebracht worden sei.

Es geschah, dass drei Ritter aus der Diözese von Lyon zu Sankt Jakob pilgerten. Sie waren schon auf dem Weg, da nahm einer von ihnen um Sankt Jakob willen den Sack einer alten Frau auf sein Pferd, sie hatte ihn darum gebeten. Bald danach sah er einen Kranken auf dem Weg liegen, und da dieser schon halb tot war, stieg er ab, setzte den Kranken auf sein Pferd, nahm den Sack der alten Frau

34

über die Schulter und den Stock des Kranken zur Hand und ging zu Fuß neben dem Pferd einher. Als sie endlich nach Galicien kamen, brach er unter der Sonnenhitze, und weil der Weg so beschwerlich war, zusammen und wurde schwer krank. Seine Freunde fragten ihn, wie es um das Heil seiner Seele stünde, er aber antwortete nicht und blieb drei Tage lang stumm. Am vierten Tag aber, als die Freunde schon seinen Tod erwarteten, seufzte er tief auf und sprach: „Dank sei Gott und Sankt Jakob, durch dessen Verdienst ich erlöst bin! Denn als ich das tun wollte, an das ihr mich erinnert habt, kamen die Teufel zu mir und würgten mich so sehr, dass ich nichts reden konnte, um meine Seele zu retten. Ich habe euch schon gehört, aber ich konnte nicht antworten. Dann aber erschien Sankt Jakob, und in seiner Linken trug er den Sack der Frau, in seiner Rechten den Stab des Bettlers. Er hielt den Stab wie einen Speer und den Sack wie einen Schild vor sich und ging damit auf die bösen Geister los, dass sie erschraken und vor ihm flohen. So hat mich die Gnade Sankt Jakobs erlöst und mir die Sprache wiedergegeben. Jetzt also ruft den Priester, denn ich möchte nicht mehr lange auf dieser Erde liegen." Dann wandte er sich einem seiner Freunde zu und sagte: „Freund, diene deinem Kriegsherrn nicht mehr länger, denn er ist verdammt und wird bald eines schlimmen Todes sterben." Als der Ritter tot und begraben war, ging der Freund zu seinem Herrn und erzählte ihm das alles. Der aber kümmerte sich nicht darum und wollte sich nicht bessern. Und kurz darauf wurde er während eines Streits von einer Lanze durchbohrt und starb.*

*Aus: „Legenda aurea"
von Jacobus de Voragine*

Santiago Beltsa, der „schwarze" Jakobus, in Puente la Reina. Die Pilger legen betend ihre Hände auf seine Füße, bevor sie weiterziehen.

Nach anderen dieser „Apokryphen" sei St. Jakob sogar auf einem Felsen sitzend und ohne Floß aus Jaffa herübergekommen – er selbst aber, der Kritikus, habe den Felsen persönlich gesehen und sofort erkannt, dass dieser aus Galicien stammen müsse. Auch die Behauptung, der Apostel habe das Land Galicien dazu verurteilt, nie wieder Wein hervorzubringen, gefiel ihm nicht, und die lächerliche Begründung noch weit weniger. Der Apostel sei vor Müdigkeit im Schoß einer Frau mit Namen Compostella eingeschlafen, nicht ohne sie zuvor beauftragt zu haben, die Ankunft des Herrn in der Basilika anzukündigen. Sie aber, trunken von zu viel Wein, sei selbst eingeschlafen, habe also den Auftrag nicht ausführen können. Auch an der Begegnung Jakobs mit dem Herrn übt der Autor herbe Kritik. Dieser habe eine Rute geschält und seinem Apostel versprochen: Wie die Rinde von diesem Holz gelöst sei, so würden die, die zum Grab nach Santiago pilgerten, von ihren Sünden befreit werden. Ein höchst unpassendes Bild, das jeder Logik entbehre, denn die Säuberung einer Rute von ihrer Rinde sei ein rein äußerlicher Vorgang, der Sünder jedoch bedürfe vornehmlich der inneren, der seelischen Reinigung.

Alle diese „Träumereien" oder „Fabeln" müssten verurteilt werden, meint der Prediger vom 30. Dezember, und wehe dem, der darüber auch noch zu schreiben wage! Die einzigen Geschichten mit Wahrheitsgehalt seien nämlich in dem aus „wahren" Büchern zusammengestellten Buch zu finden, das er schlicht und einfach „Jacobus" nennt. In seinem eigenen.

VOM WERDEN EINER LEGENDE

Eine erste Darstellung des Jakobmartyriums unter König Herodes Agrippa findet sich bei Clemens von Alexandria („passio modica", um 150–215). Danach soll der Apostel einen seiner Folterknechte bekehrt haben, worauf dieser mit ihm sterben musste. Sein Grab wurde in der Folge an den verschiedensten Orten angenommen, unter anderem in Jerusalem und am Sinai an der Stelle des berühmten Katharinenklosters. In Europa begann man sich der Gestalt des Jacobus Maior erst zuzuwenden, als im 6. Jahrhundert eine Passionssammlung aus dem lateinisch-fränkischen Bereich, der sogenannte „Pseudo-Abdias" erschien. Die den Apostel betreffende Passage, („passio magna"), wahrscheinlich eine Weiterbildung des Textes des Clemens von Alexandria, die mit wunderbaren Details aus dem Leben des Heiligen angereichert ist, liefert aber noch keinen Hinweis auf eine missionarische Tätigkeit des Apostels auf der Iberischen Halbinsel. Vielmehr leiten einige Wissenschaftler aus diesem Text die Entstehung einer gewissen Jakobsverehrung im südfranzösischen Raum ab. Spanien wird im Zusammenhang damit erstmals in einer den lateinischen Apostelverzeichnissen vorangestellten biografischen Notiz erwähnt. Diese Apostelverzeichnisse, hervorgegangen aus griechisch-byzantinischen Katalogen, wurden in Europa zwischen 600 und 700 verbreitet, und von nun an ist die Geschichte des Apostelmissionars in allen Varianten zu finden.

Der Schock von 711, die Landung des ersten muslimischen Heeres auf der Iberischen Halbinsel mit den erschreckenden Erfolgen der Eroberer, inspirierte Beatus von Liébana zu seinem berühmten „Kommentar zur Apokalypse" (767), in dem, offenbar um seine deprimierten Zeitgenossen ein wenig aufzurichten, der am asturischen Hof angesehene Abt den heiligen Jakob erwähnte. Er habe Spanien zum Christentum bekehrt, hieß es da, und das schloss damit wohl auch ein, dass er dieses Spanien auch künftighin nicht im Stich lassen werde. Dass in Asturien, dessen Erhebung unter Pelayo (Sieg von Covadonga, 722) die Reconquista eingeleitet hatte, nach heftigsten Angriffen der Mauren im Jahre 797 gerade jetzt wieder einmal Friede einkehrte, schien die beste Bestätigung zu sein, und der bald volkstümliche Heilige wurde als Beschützer Spaniens in Hymnen besungen und erhielt seinen eigenen Festtag.

Von der „Translatio", der wundersamen Überführung des Leichnams nach Compostela, der nächsten Stufe der Enthüllungen dieses Heiligenlebens, war da noch nicht die Rede. Die erwähnt erst Husward (Usuard) von Paris, ein 875 verstorbener Mönch von Saint-Germain-des-Près in seinem „Martyrologium" um 860, das 1584 auch in das offizielle „Martyrologium Romanum" der katholischen Kirche eingegangen ist. Auch Florus von Lyon (gestorben 860) berichtet von den heiligen Gebeinen des Apostels, die nach der Nordwestküs-

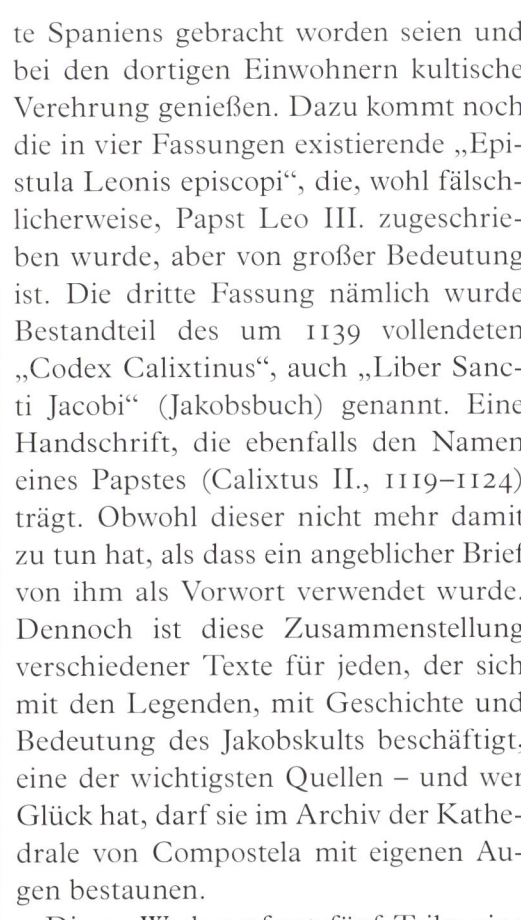

Das Martyrium des Jacobus Maior.

te Spaniens gebracht worden seien und bei den dortigen Einwohnern kultische Verehrung genießen. Dazu kommt noch die in vier Fassungen existierende „Epistula Leonis episcopi", die, wohl fälschlicherweise, Papst Leo III. zugeschrieben wurde, aber von großer Bedeutung ist. Die dritte Fassung nämlich wurde Bestandteil des um 1139 vollendeten „Codex Calixtinus", auch „Liber Sancti Jacobi" (Jakobsbuch) genannt. Eine Handschrift, die ebenfalls den Namen eines Papstes (Calixtus II., 1119–1124) trägt. Obwohl dieser nicht mehr damit zu tun hat, als dass ein angeblicher Brief von ihm als Vorwort verwendet wurde. Dennoch ist diese Zusammenstellung verschiedener Texte für jeden, der sich mit den Legenden, mit Geschichte und Bedeutung des Jakobskults beschäftigt, eine der wichtigsten Quellen – und wer Glück hat, darf sie im Archiv der Kathedrale von Compostela mit eigenen Augen bestaunen.

Dieses Werk umfasst fünf Teile: eine Sammlung liturgischer Stücke zu Ehren des heiligen Jakob, die aber auch Informationen für den Pilger nach Santiago enthält – vor allem aber den bereits zitierten kritischen „Sermo veneranda dies", die angebliche Predigt zum alten spanischen Festtag des heiligen Jakobus. Angeblich von Calixtus II. verfasst, viel eher aber vom heute noch unbekannten Autor des fünften Teiles des Codex, des sogenannten Pilgerführers.

Der zweite Teil, das „Mirakelbuch", erzählt von 22 Wundern, die der Autor getreulich gesammelt hat, wobei er nach

Der Apostel Jakobus als Initial im 5. Buch des „Codex Calixtinus", dem „Liber Sancti Jacobi" (Jakobsbuch).

eigenen Angaben nur die wahrsten auswählte, die er selbst miterlebt, von denen er aber auch gehört hat. Sie kommen unter anderem aus Deutschland, Italien, Ungarn, aus Galicien und Frankreich, also bereits aus dem europäischen Raum.

Der dritte Teil des Jakobbuches, das Buch der „Translatio", erzählt die Legende des heiligen Jakob, sein Leben und seine Überführung über das Meer nach Galicien.

Das vierte Buch, die „Historia Karoli Magni et Rotholandi" (Die Geschichte Karl des Großen und Rolands), berichtet aus dem Leben Karl des Großen und besonders von seinem Zug nach Spanien, von seinen Kämpfen um die Städte Pamplona und Zaragoza und seiner angeblichen Entdeckung des Apostelgrabes – vor allem aber erzählt es das berühmte Rolandslied.

Das 5. Buch des „Liber Sancti Jacobi", der „Pilgerführer", eine Art Anleitung für die Wallfahrt, ist in der für jene Zeit erstaunlichen Auflage von 132 Stück erschienen und war sicher den meisten Pilgern bekannt. Wer nicht lesen konnte, bekam ihn während der langen Abende in einer der Herbergen eben zu hören. Er berichtet von den vier durch Frankreich führenden Pilgerwegen, die sich bei Puente la Reina zu dem einen nach Santiago führenden vereinigen, und schildert die einzelnen Tagesstrecken, die Dörfer und Städte entlang des Camino. Er preist die Schönheiten von Kirchen und Klöstern, er charakterisiert die Eigenarten der Völker, aus denen die Pilger kommen, und warnt vor dem Wasser aus vergifteten Flüssen. Er zählt die Reliquien auf, die man entlang des Weges verehren kann, und die Gefahren durch reißende Flüsse, Räuber und Wegelagerer, durch betrügerische Wirtsleute und lockere Frauen. Es ist eine äußerst lehrreiche, oft auch amüsante Darstellung mittelalterlichen Pilgerlebens und wird dem französischen Kleriker Aymeric Picaud aus Parthenay im Poitou zugeschrieben – der aber, wie manchmal vermutet wird, auch der Verfasser oder „Redakteur" des gesamten Werkes sein könnte.

NACH DEM WOLLEN DES MENSCHEN

Der „Liber Sancti Jacobi" wurde von den Menschen seiner Zeit ebenso gierig aufgenommen wie die eingangs erwähnte, mehr als ein Jahrhundert jüngere „Legenda aurea" des Jacobus de Voragine. Und die Wirkung dieser Geschichten und Legenden, so lange sie auch schon vorher im Volk kursiert sein mögen, war so fantastisch und letztlich so unerklärlich, dass Fachleute der verschiedensten Disziplinen noch heute daran herumrätseln. Können doch auch die klügsten Kommentare zur psychologischen, historischen und ökonomischen Situation von damals immer noch nicht genügen, um das Phänomen Jakobus und der Weg zu ihm endgültig zu klären. Natürlich waren die Menschen des Mittelalters süchtig nach Wundern und Reliquien, und natürlich war dieser Jakobus nicht irgendein Heiliger, sondern ein Apostel, und dazu einer aus dem engsten Kreis um den Welterlöser, Zeuge der wunderbaren Ereignisse im Heiligen Land. Und natürlich war das Selbstgefühl der Bewohner Nordspaniens durch den anhaltenden Siegeszug der „Mauren" (Moros) oder „Sarazenen", wie die Eroberer damals genannt wurden, schwer angeschlagen, und es kann nicht oft genug betont werden, dass gerade das christlich gebliebene Asturien, das sich als Bewahrer der spanischen Tradition fühlte, angesichts der dauernden Bedrohung und der verheerenden Einfälle aus dem Süden eines solchen Heiligen und seines übernatürlichen Beistands bedurfte. Selbst die Glaubensbereitschaft vieler mochte beeinträchtigt gewesen sein, und abgesehen von rein äußerlichen Übertritten zum Islam aus Angst oder Opportunismus wird sich so mancher ernsthaft gefragt haben: Auf welcher Seite steht Gott? Ist der Islam vielleicht doch die bessere Religion?

Man nennt sie ‚palmieri', weil sie über das Meer in ein Land reisen, aus dem sie oft einen Palmzweig mitbringen; man nennt sie ‚peregrini', weil sie in das Haus in Galicien gehen, wo das Grab des heiligen Jakob weiter von seiner Heimat entfernt liegt als das irgend eines anderen Apostels; man nennt sie ‚romei', denn sie gehen nach Rom …

Aus: „Vita nuova"
von Dante Alighieri

Aber kann das alles genügen, um das Phänomen Santiago und die Pilgerströme dorthin über Jahrhunderte zu erklären? Und ist es nicht natürlich, dass man sich immer wieder diese Frage stellt?

Wie schon gesagt, die Menschen des Mittelalters waren süchtig nach Reliquien, und sie bekamen sie auch. Überall in Europa und oft auf wundersame Weise tauchten Überreste von Heiligen auf, Reste von Kleidern, Gebrauchsgegenständen oder auch Marterwerkzeuge – die manchmal wohl auch auf wundersame Weise vermehrt wurden, um den Bedarf zu decken. So wurde 804 in Mantua das „heilige Blut" Jesu gefunden, und auch das Haupt Johannes des Täufers, das König Herodes Salome zuliebe hatte abschlagen lassen,

Glockenträger in Les Saintes-Maries-de-la-Mer, Provence.

tauchte plötzlich auf. So entstand der Kult um die „heiligen Marien" und ihre Begleiter in Südfrankreich. Nach ihrer Ausweisung aus Palästina waren sie in einem steuerlosen Schiff von Wind und Wellen nach dem heutigen Les Saintes-Maries-de-la-Mer in der Camargue getrieben worden: Maria Jakobaea, die Tante Jesu und Maria Salome, die Mutter des Lieblingsjüngers Johannes und des Apostels Jakobus des Älteren. Mit ihnen die Geschwister Lazarus, Martha und Maria, die in der Legende Maria Magdalena gleichgesetzt wird, sowie ihre Begleitung, Maximin und die schwarze Ägypterin Sara.

Aber all diese Fundstücke und Legenden vermochten nicht mehr als lokale Bedeutung zu erreichen, geschweige denn einen durch Jahrhunderte nicht abreißenden Pilgerstrom in Bewegung zu setzen. Und das Faktum, dass die gar nicht biblische ägyptische Sara alle Jahre einmal zum Ziel einer Zigeunerwallfahrt wird, kann heute kaum mehr als ethnologisches oder folkloristisches Interesse wecken.

Im Lauf der Zeit hat sich auch eine „pragmatische" Jakobslegende herausgebildet, zu der es in Venedig eine auffällige Parallele gibt. So sollen Anhänger des heiligen Jakob um 640 aus Angst vor Schändung durch die heranrückenden muslimischen Feinde den Leichnam vom Sinai nach Alexandria und dann im 9. Jahrhundert nach Galicien „heimgebracht" haben. Im Parallelfall Venedig war es der Evangelist Markus, dessen Leichnam aus Alexandria „seinem Wunsch gemäß" entführt wurde, und von da an zogen die Venezianer mit dem Schlachtruf „Viva San Marco" in den Krieg. (Die mumifizierte Leiche war bei der Entführung mit gepökeltem Schweinefleisch bedeckt worden, um zudringliche Muslime abzuschrecken.) Und als die Basilika später niederbrannte und der Begräbnisplatz eine Zeit lang verschollen war, machte auch Markus – wie Jakob – auf wunderbare Weise wieder auf sich aufmerksam. Während einer feierlichen Andacht begann sich plötzlich eine Säule zu bewegen, es knirschte und bröckelte, und zum Schrecken der Gläubigen löste sich der heilige Leichnam aus seinem steinernen Gefängnis.

Aber obwohl der heilige Markus für die Kirchengeschichte doch eine eminente Bedeutung hat – sein Grab in der herrlichen Lagunenstadt wurde im Gegensatz zu dem politisch unbedeutenden und schwer zu erreichenden Santiago nie zu einem Wallfahrtsort von überregionalem Rang.

DER STERNENWEG

Jede Zeit schafft sich ihre Idole nach ihrem Bild, nach ihren Idealvorstellungen, und so ist es beinahe unfassbar, wie gerade aus dem so wenig erfolgreichen Missionsapostel – seinen einzigen Erfolg im Heiligen Land hat er mit dem Leben bezahlt – die Idealgestalt eines Helden werden konnte. Der „Matamoros", der Maurentöter, der ganz persönlich in die Kämpfe gegen die „Heiden" eingriff. Aber es gab da noch einen zweiten, und der war dazu prädestiniert, die innersten Sehnsüchte der Menschen zu befriedigen: Karl der Große. Dieser sicher bedeutendste mittelalterliche Herrscher hatte im Lauf seiner Regierungszeit ganz Westeuropa zwischen Atlantik und Weichsel, zwischen Ostsee und den Pyrenäen samt dem Großteil Italiens eine gewisse Einheit gebracht, und der Sagenkreis, der sich bald um die historische Gestalt des Frankenkönigs bildete, ist an einem bestimmten Punkt untrennbar mit der Jakobslegende verknüpft. Ein Schachzug eines Realpolitikers vielleicht, der auch noch die Idee gehabt hatte, den Teil 4 des „Codex Calixtinus", die „Historia Karoli Magni et Rotholandi", dem damals weithin bekannten Erzbischof von Reims und Gefährten des Kaisers, Turpin (auch Tilpin, 748/49–794), zuzuschreiben. Möglicherweise, um dem Buch eine noch größere Publizität zu verleihen. In diesem Buch, auch „Pseudo-Turpin" genannt, hieß es nun, abweichend von der Linie der bekannten Jakobslegende, es sei der Kaiser

Jakobus als Maurentöter. Palacio Rajoy, Santiago de Compostela.

gewesen, der die Kirche von Compostela gegründet habe, er sei der Heros, der das Apostelgrab gefunden und den Weg dorthin für die Christenheit gerettet habe.

Viel Zeit war vergangen, hieß es da, seit dem Tod des Apostels, Spanien hatte ihn lange vergessen und war wieder ins Heidentum zurückgefallen. St. Jakob aber gab sein Spanien nicht auf, es musste für Christus zurückgewonnen werden. Also erschien er eines Tages Karl dem Großen im Traum, zeigte ihm den „Sternenweg", der vom Friesischen Meer bis Galicien zu einem Grab führte, und drängte ihn, diesen Weg endlich wieder den Ungläubigen zu entreißen. Und er erklärte ihm auch den tieferen Sinn dessen, was er von ihm verlangte.

„Du hast am Himmel die Sternenstraße gesehen und das bedeutet, dass Du an der Spitze eines mächtigen Heeres nach Galicien ziehen wirst, und dass gleich Dir alle Völker dorthin pilgern werden, bis zum Ende aller Zeiten. Ich werde an Deiner Seite stehen und als Belohnung für alle Deine Mühen von Gott das Paradies für Dich erwirken. Dein Name wird im Gedächtnis der Völker nicht ausgelöscht werden, solange die Welt besteht."
Jakobus zu Karl dem Großen aus der „Historia Karoli Magni et Rotholandi"

Und der fromme Kaiser gehorchte und brach in Spanien ein. Aber schon vor Pamplona kam sein Heereszug ins Stocken, und vergeblich belagerte er drei Monate lang die Stadt. Endlich besann er sich auf

Johannes Gerson als Pilger. Holzschnitt von Albrecht Dürer (1494).

den Apostel, der ihm im Traum erschienen war, und auf Christus selbst, und als er deren Hilfe erflehte, stürzten die Mauern Pamplonas in sich zusammen wie einst die Mauern von Jericho. Entsetzen erfasste die Sarazenen, sie flohen Hals über Kopf, und die Franken erreichten, ohne auf weiteren Widerstand zu stoßen, das Jakobsgrab in Compostela. Erzbischof Turpin taufte die vom Christentum abgefallene Bevölkerung, und der Kaiser stiftete die Schätze, die er den Ungläubigen abgenommen hatte, dem Heiligtum des Apostels.

Von Krieg, von Schlachten und Wundern ist auch in der Folge die Rede – aber auch von schmerzlichen Niederlagen. Von der verlorenen Schlacht bei Le Céa und Sahagún, wo ein wunderbares Ereignis Gottes Willen demonstrieren sollte. Da begannen die Lanzen vieler Ritter plötzlich Blätter zu treiben – ein Zeichen dafür, dass die Männer im Verlauf des Kampfes fallen sollten. Bei Agen und Saintes hingegen blieb Karl der Sieger, er zwang auch seinen Gegner Agioland, hinter den Mauern von Pamplona Schutz zu suchen, und mit ihm, so wird erzählt, führte der Kaiser in einer Kampfpause einen langen theologischen Disput. Dann kam es zu einer neuen Schlacht, in deren Folge der unbelehrbare Agioland fiel.

Ein ähnliches Wunder geschah im Lauf der Schlacht von Montjardin, die für den Kaiser ebenfalls glücklich ausging. Auch diesmal offenbarte ihm Gott, welche seiner Ritter das Treffen nicht überleben würden, und zeichnete ihnen ein rotes Kreuz zwischen die Schulterblätter. Diesmal versuchte Karl, Gott zu überlisten, und er ließ die gleichsam schon zum Tode verurteilten Kampfgefährten in einer Kapelle einschließen, um sie zu retten. Vergeblich, am Ende der Schlacht waren sie alle tot. Ein für den modernen Menschen unbegreiflich grausames Geschehen – für den Menschen des Mittelalters aber völlig einsichtig. Tod und Leben liegen ausschließlich in Gottes Hand, der Mensch hat sich zu fügen.

Am bekanntesten aber aus dieser legendenhaften Historie sind, und das bis zum heutigen Tag, die Ereignisse um den Kampfgefährten und Neffen des Kaisers, den bekanntesten seiner zwölf Paladine, den Grafen Hruotlant (Roland) aus der Bretonischen Mark. Der war so stark, dass er mit drei Hieben seines Schwertes Durendal einen Felsblock spalten konnte und in Nájera den Riesen Ferragut nach einem mörderischen Kampf zu Pferd und zu Fuß tötete. Dann zog sein kaiserlicher Herr bis tief in den Süden nach Córdoba, er eroberte die Stadt und tötete seinen Gegner Altumajor, angeblich ein Synonym für den berühmten historischen Al-Mansur (Almansor), der fast unumschränkt über die Halbinsel herrschte. Wenn auch in Wahrheit erst zwei Jahrhunderte später. Anschließend berief Karl nach Compostela ein Konzil und räumte dem Heiligtum des Apostels ganz besondere Privilegien ein. Es sollte gleich nach der apostolischen Kirche in Rom den zweiten Rang einnehmen.

Der dichterische Höhepunkt der Geschichte um den treuesten aller Paladine, der auch ganz folgerichtig zum Helden des französischen Nationalepos „Chanson de Roland" wurde, ist allerdings dessen tragisches Ende bei Roncesvalles. Hier geriet er als Führer der Nachhut auf dem Rückzug Karls des Großen über die Pyrenäen in einen Hinterhalt, den sein Stiefvater und persönlicher Feind Ganelon mit den Heiden verabredet hatte, und erlag mit seinen Paladinen trotz tapferer Gegenwehr der Übermacht. Er starb mit ausgebreiteten Armen, wie es heißt, und als Märtyrer seines Glaubens. Das Horn Olifant, mit dem er die Hauptmacht des Kaisers – tragischerweise zu spät – zu Hilfe gerufen hatte und das unter seinem mächtigen Atem zersprungen war, wird in der Basilika des heiligen Severin zu Bordeaux aufbewahrt. Der als heilig angesehene Leichnam des Helden wurde in der Basilika Saint-Romain in Blaye bestattet.

Der Kaiser berief noch einmal ein Konzil ein, diesmal in Saint-Denis, und ließ den Palast in Aachen mit Darstellungen seiner Kriegstaten schmücken. Und als er starb, war es der heilige Jakob, der ihm zur Seite stand, um seine Seele dem Teufel zu entreißen.

Roland ruft mit seinem Horn Olifant Hilfe herbei. Jean Mansel, La Fleur des Histoires, Buchmalerei (15. Jh.).

ORLANDO FURIOSO

Vielfältiges Legendengut also aus mehr als drei Jahrhunderten in dichterische Form gegossen, ein Heldenepos mit historischen Bezügen, wenn auch ohne Anspruch auf historische Wahrheit. Das erste einer Reihe ähnlicher, auf Legenden basierenden Epen um den gleichen Themenkreis: Karl der Große, Jakob und ihr Kampf gegen die Sarazenen. Und sicherlich mit der gleichen Absicht verfasst, die Reconquista mit den Pilgerfahrten zum Grab des Heiligen zu verknüpfen, um ihre Leser oder Zuhörer für den Kampf gegen die Ungläubigen in Spanien zu begeistern. Man denke da nur an den historischen Kern der ergreifenden Geschichte: sehr wohl Karls Rückzug über die Pyrenäen nach Frankreich und die Vernichtung der Nachhut, bei der ein Graf Hruotlant fiel. Aber nichts von Paladinen und nichts von verwandtschaftlichen Beziehungen zum großen Karl. Kein Verrat durch einen Stiefvater, der im weiteren Verlauf der Sage in Aachen gerichtet wurde – und vor allem keine Sarazenen, deren Riesenheer unter dem Emir Baligant dann noch vernichtet wurde. In Wahrheit waren es räuberische Basken gewesen, die sich die Kenntnis des unwegsamen Geländes zunutze gemacht hatten.

Und wenn man die Zeit bedenkt, in der die „Historia" erscheint – der „Codex" wurde erst mehr als 300 Jahre nach dem Tod des Kaisers vollendet –, nimmt es nicht wunder, wenn einigen Interpre-

Im sizilianischen Marionettentheater sind die Legenden um Karl den Großen und Roland noch heute lebendig.

Ein Gedenkstein hält in Roncesvalles die Erinnerung an die Legende um Karl den Großen und Roland wach.

ten mit der Frage, was nun Geschichte und was spätere Legendenbildung zu einem bestimmten Zweck sei, noch ein anderer Gedanke kommt. In der immer heftigeren Auseinandersetzung zwischen Kaiser und Papst, Thron und Altar – schon 1077 fand der Bußgang nach Canossa statt, und ein knappes Jahrhundert später betreibt der Staufer Friedrich Barbarossa (1152–1190) die Kanonisierung des großen Karl – wird der kriegerische Wallfahrer nach Santiago als Leitgestalt benutzt, um den Primat des Kaisers gegenüber dem Papst zu unterstützen. Schließlich hat er in seinem riesigen Reich das Christentum verbreitet und das Abendland vom Heidentum befreit, er, der große Vertreter des Kaisertums, dessen missionarische Rolle damit nicht mehr bestritten werden kann. Ein Anspruch, der auch auf dem berühmten Karlsschrein im Dom zu Aachen deutlich wird, in dem die Gebeine des Toten ruhen. Eine Kostbarkeit hochmittelalterlicher Goldschmiedekunst, die 1165, bald nach Erscheinen der „Historia" von Friedrich Barbarossa in Auftrag gegeben wurde, und auf der der im gleichen Jahr seliggesprochene Kaiser, dem Papst übergeordnet, gleichsam als „Stellvertreter Christi" zu sehen ist.

Für Spanien haben die Heldengestalten aus der „Historia" und den anderen Epen indessen viel von ihrer Bedeutung verloren, aber an einem anderen Punkt Europas sind sie auf höchst eigenwillige Weise noch heute lebendig: Im sizilianischen Marionettentheater feiert „Orlando furioso" immer noch seine Triumphe, dass die abgeschlagenen Köpfe der Heiden nur so durch die Luft und manchmal auch ins Publikum fliegen. Hier stirbt er immer noch in Roncesvalles seinen Heldentod, und sizilianische Eselskarren werden noch heute mit Motiven aus dem Rolandslied bemalt. Wie ein fernes Echo auf die begeisternde Heldengeschichte, die ihre Wirkung auf das mittelalterliche Publikum nicht verfehlte. Sie überstrahlte den mühseligen und bedrohlichen Alltag des Menschen, der vielfach selbst in den Kampf ziehen musste und dort fiel oder, oft für ein Leben lang als Krüppel, überlebte. Ohne Glanz und Glorie, ohne Romantik und Wunder, ohne in dem kriegerischen Geschehen einen anderen Sinn erkennen zu dürfen, als dass Kriege eben kommen und gehen wie ein zerstörerisches Gewitter. Die Legenden um Karl und Roland aber, um Santiago, den Heiligen, und seine heilige Stadt, zu dem sie Jahr für Jahr über einen Weg pilgerten, den ihnen der große Kaiser mit seiner Streitmacht freigekämpft hatte, sie gaben der Sache plötzlich einen Sinn.

EL CID – GLÜCKSRITTER UND EDLER HERR

Auch er ist ein Held der Legende, ein Abenteurer, der überall, wo es ihm lukrativ erschien, seine Kriegsdienste tat: der um 1040 in Vivar bei Burgos geborene Rodrigo Díaz, bekannt unter dem christlichen Beinamen „El Campeador", der Kämpfer, noch weit bekannter unter dem Namen, den ihm die Mauren gaben: Sajid, El Cid, „Edler Herr". Einer, den man bewundern konnte, obwohl er ganz andere Seiten des heroischen, idealistischen Kampfes Nord gegen Süd, Christus gegen Mohammed aufzeigte. Einer, der sich in diesen wechselvollen Zeiten mit List und Heimtücke und nicht immer mit Charakter durchschlug, was Herrscherpersönlichkeiten ebenso taten wie der kleine Mann, der nur überleben wollte.

Er begann seine Laufbahn unter König Sancho II. von Kastilien und wechselte, als dieser von seinen Brüdern ermordet wurde, zu Alfonso VI. von Kastilien und León über. Dort aber misstraute man ihm, er wurde beschuldigt, einen Teil eines eingehobenen Tributs für sich behalten zu haben, und 1081 vom Königshof verbannt. Was ihn weiter nicht störte, und da er nichts als das Kriegshandwerk kannte, wechselte er diesmal mit seiner kleinen Truppe von angeheuerten Freibeutern gleich zur ganz anderen Seite hinüber: zum Emir von Zaragoza, wo er in sieben Jahren Kriegsdienst auf Kosten

Der spanische Nationalheld El Cid (um 1043–1099) wurde in Vivar bei Burgos geboren. Cid-Denkmal auf dem Theatervorplatz in Burgos.

Burgos, Türbeschlag in S. Gadea: König Alfonso VI. schwört vor dem Cid.

In der Kathedrale von Burgos ist Rodrigo Díaz, El Cid, gemeinsam mit seiner Gemahlin Jimena bestattet.

Aragoniens sich viel Geld und dazu auch den schon erwähnten Ehrentitel El Cid erwarb. Er muss ein ungewöhnlich kühner Mann und begabter Taktiker gewesen sein, der die Beute immer redlich mit seinen Gefolgsleuten teilte, und er wurde nicht umsonst von seinen Zeitgenossen und der Nachwelt restlos bewundert. Aber es hielt ihn auch nicht auf Dauer im Dienst des Herrn von Zaragoza, und 1089 eroberte er Valencia auf eigene Rechnung und unternahm im ganzen östlichen Spanien höchst ertragreiche Raubzüge.

Rodrigo Díaz, El Cid, der einzige christliche Feldherr, der die Mauren im 11. Jahrhundert in offener Feldschlacht geschlagen hat (1094 bei Cuarte), starb 1099, und seine Frau Jimena hielt das bedrängte Valencia noch drei Jahre, ehe es verloren ging. Und wenn man den Spielleuten glauben will, die seine Taten besingend durchs Land zogen, dann gab er in seiner letzten Schlacht gegen die Mauren seinen Leuten den Befehl, ihn im Fall sei-

Unter dem Sterngewölbe der Vierung in der Kathedrale von Burgos ist El Cid bestattet.

nes Todes aufs Pferd zu binden und das Tier den Feinden entgegenzujagen. Und so soll es auch geschehen sein, und die Mauren, entsetzt über die vermeintliche Unverwundbarkeit des gefürchteten Helden, flohen in Panik.

Die sterblichen Überreste des El Cid wurden ins Kloster San Pedro de Cardena in der Nähe von Burgos gebracht – und Chronisten und Dichter jeglichen Niveaus begannen Informationen über dieses ungewöhnliche Leben zu sammeln und weiterzugeben und auszuschmücken. Bis aus dem widersprüchlichen Glücksritter der ideale Held der Reconquista geworden war, der nichts anderes im Sinn gehabt hatte, als Spanien dem Christentum zurückzugewinnen. „El cantar de mío Cid" heißt das Nationalepos Spaniens, das dank seiner Mischung von Geschichtstreue und freier dichterischer Kraft bald zu einem Stück Weltliteratur wurde. Im Jahre 1809 ließen die französischen Besatzer, um ihre Beziehungen zu den Bürgern von Burgos zu verbessern, seine sterblichen Überreste aus dem abgelegenen Kloster in die Stadt selbst überführen. Aber erst am 20. Juli 1921 fand der Held zusammen mit seiner Gemahlin in der Kathedrale eine endgültige Grabstätte – wenn man von einem Unterarmknochen absieht, den 1809 ein Chirurg in seinen Besitz gebracht hatte, und der seit 1930 in einer Silberschatulle im Rathaus aufbewahrt wird. Immerhin, der Held vieler Kriege um ein christliches Spanien ruht nun in einem der bedeutendsten Orte entlang des Weges nach Santiago.

DIE WANDLUNGEN EINES HEILIGENBILDES

Santiago, der Maurentöter (Matamoros), als solcher begegnet uns der Heilige in unzähligen Geschichten und bildlichen Darstellungen, er war geradezu allgegenwärtig, und wo die gerechte Sache verloren schien, wo das Leben eines Unschuldigen in Gefahr war, griff er persönlich ein. Ein merkwürdiger Gegensatz zu dem Bild des Heiligen, wie es uns in den Evangelien entgegentritt bzw. nicht entgegentritt. Jakobus war Fischer in Galiläa, und die Legende nennt Jaffa als seinen Geburtsort. Mehr als sein Name, der Name seines Bruders Johannes und seiner Mutter Salome wird über ihn kaum gesagt, und dass die beiden „Donnersöhne" genannt wurden, dient vielleicht eher zur Charakteristik des Vaters. Jakobus ist nie ins Rampenlicht getreten wie Johannes, der Lieblingsjünger oder Thomas, der Ungläubige, er zog auch kein Schwert wie Petrus zur Verteidigung des Herrn. Und doch war er, wie wir wissen, einer der Ersten, die Jesus aufforderte, ihm zu folgen. Er sah, wie Jesus die Tochter des Jairus von den Toten erweckte und auf dem Berg Tabor verklärt wurde. Er erlebte aus nächster Nähe die tiefsten Mysterien, die Ängste des Ölbergs und den Tod am Kreuz. Er war der erste Apostel, der um Jesu willen den Märtyrertod starb. Und wenn auch seine Mutter in der berühmten Szene, als sie versuchte, ihren Söhnen einen bevorzugten Platz im

Die älteste Darstellung (11./12. Jh.) des Apostels Jakobus in Pilgertracht an der Kirche Santa Marta de Tera.

In der Kathedrale von Santiago de Compostela empfängt St. Jakobus die Pilger am Pórtico de la Gloria.

Himmelreich zu sichern, von Jesus einen brüsken Verweis erhielt – wurde ihre Bitte nicht doch erhört? Schon um der stillen und blutigen Zeugenschaft willen? Wurde nicht, wie dem Bruder Johannes der hohe Rang des Evangelisten, ihm selbst der des Retters Spaniens, wenn nicht des christlichen Abendlandes eingeräumt?

Aber ebenso oft und ebenso mächtig zeigte sich St. Jakob in einer anderen Rolle: als Beschützer der Pilger und unschuldig Verfolgter. Immer wieder stößt man auf das Motiv des räuberischen, betrügerischen Wirts und seiner Bedienten, die fromme Herbergsgäste ausplündern oder gar in Lebensgefahr bringen, und immer wieder greift der Heilige ein und sorgt mit unerbittlicher Strenge für Gerechtigkeit. Die Verbrecher werden bestraft, die Bedrohten dürfen ungefährdet weiterziehen. Ganz in der mittelalterlichen, vielmehr in der jüdisch-christlichen Tradition der Bibel steht die wunderbare Vermehrung des kärglichen Reiseproviants – so bei dem frommen Pilger, den Santiago damit belohnt, dass die Wegzehrung um keinen Bissen weniger wird, sooft auch der Hungrige etwas davon zu sich nimmt.

Nach einem ganz anderen, anspruchsvolleren Muster verlaufen die Variationen der Teufelsgeschichten. Da geht es im Wesentlichen darum, dass der Teufel die Gestalt des Heiligen annimmt, um einen Büßer zu verderben. Er hält dem armen Sünder die Schwere seiner Missetaten so eindringlich vor Augen, dass dieser völlig den Mut verliert – und das ist der Augenblick, da der Teufel ihm rät, sich als Zeichen der Reue am besten das Leben zu nehmen. Und der unselige Pilger verliert sein Gottvertrauen und unterliegt der Versuchung. Einmal soll es sogar geschehen sein, dass ein anderer, ein Unschuldiger, in den Verdacht kam, den verzweifelten Selbstmörder ermordet zu haben. Er wird vor Gericht gestellt und beinahe hingerichtet – da greift der heilige Jakob in letzter Minute ein. Er erweckt den Toten wieder zum Leben, und dieser kann Zeugnis für die Wahrheit ablegen.

Eine interessante Geschichte, und nicht unkompliziert in Aussage und Struktur. Da ist der Teufel, nicht der dummschlaue, von den Vertretern des guten Prinzips immer wieder düpierte Geselle, sondern einer, der wirklich der gefallene Engel sein könnte. Er weiß, dass er einem Menschen, der nach Santiago unterwegs ist, das Wissen um seine Schuld nie und nimmer ausreden, ihn so keineswegs neuerlich in Versuchung führen kann. Er weiß, dass nur eine derart irregeleitete Reue es ihm ermöglicht, diesen Menschen in seine Macht zu bekommen. Wer auf diesen teuflischen Trick hereinfällt und dem barmherzigen Gott zutraut, sich nur durch die eigentlich Todsünde des Judas, den Selbstmord, versöhnen zu lassen, der ist endgültig verloren. Den könnte auch Santiago nicht retten, denn die unwiderrufliche Vernichtung des eigenen Lebens ist ebenso unverzeihlich wie das falsche Gottesbild. Da bedarf es erst des Kunstgriffs, einen unschuldig Verurteilten ins Spiel zu bringen, um ein Eingreifen des Heiligen möglich zu machen. Aber haben Gott und Jakobus nicht von Anfang an gewusst, wie die Sache enden würde? Und haben sie den Auftritt des Teufels vielleicht nur zugelassen, um der Welt vor Augen zu führen, worauf es dem Schöpfer ankommt?

Von vielen Wundern des heiligen Jakob wird im Mirakelbuch berichtet, wie auch später in der „Legenda aurea", und hier nimmt der Autor von „Veneranda dies" bei aller Skepsis einen ganz anderen Standpunkt ein. Wunder, so meint er, sind nicht zu leugnen, denn sie sind göttlich und demonstrieren die Tugend des Apostels. Immer wieder geschieht es, dass im Umkreis der Kathedrale Kranke geheilt und Lahme gehend gemacht werden. Blinde sehen, und Stumme können wieder reden, Besessene werden vom Teufel befreit, und Traurige werden getröstet.

Moderne Darstellung eines Jakobus-Pilgers, Saint Philibert, Tournus (Burgund).

Das Wichtigste aber: Die Gebete der Gläubigen werden erhört und die Lasten der Sünde vom Sünder genommen. *Das* darf man glauben, meint unser Autor, das *soll* man glauben, und von solchen Wundern darf man, zur Erbauung der Gläubigen auch schreiben. Von denen, die geschehen sind, und auch von denen, die der Heilige noch in Zukunft wirken wird.

Zu den schönsten dieser Wunder gehören sicherlich die beiden Turmgeschichten. Die von Bernardus, einem Mann aus Modena, der unschuldig verurteilt in einem Turm gefangen liegt und in seiner Not den Heiligen um Hilfe anruft – denn St. Jakob wirkt nicht nur in Spanien, wo immer er gerufen wird, hört er. Und er lässt sich auch hier nicht vergebens bitten, er erscheint im Kerker und fordert Bernardus auf, ihm nach Galicien zu folgen. Augenblicklich fallen die schweren Ketten ab – nur, wie soll der Mann aus dem Turm kommen? Aber das gläubige Vertrauen des Gefangenen ist groß. Ohne zu zögern klettert er auf die Turmspitze und stürzt sich in die Tiefe, sechzig Ellen, wie akribisch vermerkt wird, und ohne den geringsten Schaden zu nehmen.

Auch in der zweiten Geschichte, die durch ein höchst anmutiges Detail gekennzeichnet ist, liegt einer in einem Turm gefangen, diesmal ein braver Kaufmann, das Opfer eines finsteren Tyrannen. Auch er wendet sich an den heiligen Jakob – und bald beginnt sich der wuchtige Turm zu neigen wie ein zartes Bäumchen im Wind, er neigt sich und neigt sich, bis seine Spitze den Boden berührt und der Kaufmann ohne Schwierigkeiten ins Freie gelangt. Leider wird seine

St. Jakobus als Maurentöter in der Santiagokirche von Ribadavia.

Flucht entdeckt, aber St. Jakob lässt seinen Schützling nicht im Stich und macht ihn unsichtbar, bis die Verfolger aufgeben. So belegt eine Unzahl von Legenden das segensreiche Eingreifen des Heiligen in das Leben der Menschen, und kein Pilger konnte sich ihnen entziehen. Überall in Europa kann der Suchende dem Apostel begegnen und nicht nur als Protagonisten literarischer Überlieferung jeglicher Art, mindestens ebenso oft auf Holzschnitten oder in Stein gehauen.

Nicht nur in den Heiligtümern entlang des Camino, auch in den Niederlanden, in Frankreich oder Italien – wo die Jakobslegenden auf dem Silberaltar im Dom zu Pistoia weltberühmt sind. Allein in Deutschland gab es schon im 12. und 13. Jahrhundert an die 500 dem heiligen Jakob gewidmete Kirchen und Kapellen, und Orte wie Lenggries, Augsburg, Rothenburg oder Altdorf in der Schweiz sollen hier nur als Beispiele für die europaweite Verehrung des großen Heiligen genannt werden. Wir sehen ihn als Jakobus, den Apostel, in Ravenna, in Santiago oder in der Kathedrale von Toulouse. Wir sehen ihn als Jakobus, den Märtyrer, im Dom zu Köln oder in Chartres. Wir sehen ihn vor allem als reitenden Kämpfer mit Fahne und Schwert, Symbol der Reconquista, und als solchen natürlich besonders auf der Iberischen Halbinsel, in der Jakobskirche von Logroño, in den Kathedralen von Burgos, León und Compostela. Und, ganz überraschend, auch in der kleinen Pfarrkirche von Schwechat bei Wien.

Die Jakobsmuschel – das berühmte Pilgerzeichen soll jedem, der es trägt, Schutz gewähren.

Schließlich griff Santiago unzählige Male im Lauf des jahrhundertelangen Kampfes in das Schlachtengeschehen zugunsten der Christen ein, sein Erscheinen bei der (frei erfundenen?) siegreichen Schlacht von Clavijo (844) ist nur das berühmteste Beispiel. Und nach der verlorenen Schlacht von Jerez (1231) haben sogar Muslime behauptet, sie hätten ihn auf einem riesigen Schimmel, sein Schwert und eine weiße Fahne schwingend, an der Spitze einer Legion weiß gekleideter Ritter gesehen.

Und nicht zuletzt begegnet der Pilger von einst und von heute dem großen Heiligen als bescheidenen Pilger – ob in Chatellerault an der Vienne, ob in der Kirche Santa Marta de Tera bei Benavente, León, ob in Puente la Reina oder im Bischofspalast von Astorga. Angetan mit dem traditionellen Habit: Wanderstab, zur Verteidigung gegen Räuber und wilde Tiere oft mit Eisen beschlagen, der schwere Umhang und die mit einer Muschel versehene Tasche. Die leichte Kürbisflasche für ein Getränk und der breitkrempige Hut, auf dem eine zweite Muschel zu sehen ist. „Pecten maximus" (span. vieira), die Flachmuschel von der Atlantikküste, in die zwei Löcher gebohrt sind, damit man sie annähen kann. Für wohlhabendere Pilger gab es sie freilich auch in edlem Metall, hinter der Kathedrale von Santiago hatten die Gold- und Silberschmiede ihre Werkstätten. Souvenirs von einer eindrucksvollen Reise für die einen, für andere die jederzeit berührbare Verbindung mit der heiligen Stätte, die auch manches Wunder wirkte.

Dieses berühmte Pilgerzeichen soll die Überfahrt des heiligen Leichnams über das Meer symbolisieren und jedem, der es trägt, Schutz gewähren. Eine weitere Erklärung bietet die Geschichte von einem Ritter, der, mitsamt seinem Pferd von Feinden verfolgt, ins Meer stürzte, den heiligen Jakob anrief und gerettet wurde. Und als er auftauchte, waren Ross und Reiter über und über mit Muscheln bedeckt. Eine Version, an der auch die Feststellung von Meeresbiologen, dass solche Muscheln nie an einem wie auch immer gearteten festen Untergrund haften bleiben, nichts ändert. Sagen und Legenden sind eben nicht trockene Historie, auch Fakten und Daten und Namen sind kaum von Belang, und der Begriff Wahrheit hat hier eine völlig andere Bedeutung. Die Legende ist das Kleid aus Worten und Bildern, mit deren Hilfe der gläubige Mensch versucht, ein unaussprechliches persönliches Erlebnis oder auch nur sein grenzenloses Vertrauen wahrnehmbar und mittelbar zu machen. Sie meinen: „Das alles und noch viel mehr trau ich Dir zu. Was Du, Santiago, von Gott erbittest, das wird er Dir geben. Und mir!" Die Erfahrung hatte zwar Krieger wie Pilger gelehrt, dass Gott und sein Heiliger nur selten eingreifen. Aber eben weil es möglich war, konnte man auch die eigene Krankheit, ein Leben als Krüppel vielleicht oder den Tod hinnehmen, das alles hatte seinen festen Platz im Erlösungswerk. Soweit die Gläubigen. Die nur Abergläubigen hingegen und selbst viele Skeptiker mögen in der Legende jenes Quäntchen Hoffnung gefunden haben, die der Mensch braucht, um in Not und Gefahr nicht zu resignieren oder gar zu verzweifeln.

SANTIAGO, HILF!

GERÜSTET MIT FAHNE UND SCHWERT

Fast ganz Spanien fiel in die Hände der Mauren. Sie hatten bereits Nordafrika überrannt und setzten nun auf die Iberische Halbinsel über, um auch Europa in ihre Macht zu bekommen. Bald sprach das Abendland von ihrem Kriegsruhm und ihrer glanzvollen, überlegenen Kultur. Das christliche Reich der Westgoten wurde vernichtet, nur der Norden, nur Navarra, Kastilien, Asturien, Galicien, blieben fast immer unbesetzt. Und von hier kam der Widerstand, der schon wenige Jahre nach der ersten Besetzung mit der siegreichen Schlacht von Covadonga in den asturischen Bergen eingesetzt hatte und seither nicht mehr erlosch.

Und irgendwann hatten sie auch den Schlachtruf gefunden, der sie sieben Jahrhunderte lang in ihren Kämpfen anfeuern sollte, den die spanischen Soldaten später über den Ozean zur Eroberung der Neuen Welt mitnahmen und den General

Franco noch zur Schlacht von Brunete am 25. Juli 1937 gut gebrauchen konnte: den Namen dessen, der im äußersten Winkel der kleinen, noch in sich zerstrittenen Reiche nördlich des Ebro und des Duero begraben lag. Der, gerüstet mit Fahne und Schwert mit ihnen und für sie kämpfte und siegte. Den Namen des Heiligen, der hebräisch „ya'aqov'el" – das ist: „Gott möge beschützen" – hieß, der zu ihrem Behüter auf allen Wegen und zum Symbol der Reconquista, der Wiedereroberung Spaniens durch das Christentum werden sollte. Zum Patron Galiciens und des ganzen wieder christlich gewordenen Reiches bis auf den heutigen Tag: „Santiago! Santiaagooo! Sankt Jakobus! Heiliger Jakob! Hilf!"

Und von der anderen Seite riefen sie siegesgewohnt den Namen ihres Propheten: „Mohammed!" Seit die Muslime aus ihrer Heimat aufgebrochen waren, um dem neuen Glauben die Welt zu erobern, hatten sie noch keine entscheidende Niederlage erlitten – später, viel später sollte es so aussehen, als hätte Mohammed vergeblich gelehrt. Die Eroberung Südspaniens begann im Grunde mit einem lächerlichen Erbschaftsstreit. Im Jahre 708 weigerte sich der Adel nach dem Tod des Königs Witiza, den Thron des Westgotenreiches dessen Söhnen zu übergeben und wählte an ihrer Statt Roderich, den Herzog von Andalusien, zum König. Es kam zum Kampf, und Witizas Söhne suchten Hilfe jenseits des Meeres bei maurischen Herrschern. Eine oft geübte Praxis, bei internen Streitigkeiten den Gegner um Unterstützung zu bitten – wie später auch Muslime Christen um Hilfe gegen Muslime bitten sollten.

Türdetail im Mudéjarstil. Alcázar von Sevilla.
Links: der Säulenwald in der Mezquita von Córdoba.

Dazwischen lagen Jahrhunderte, die von den Historikern je nach Standpunkt und Einsicht glanzvoll oder blutig genannt werden, grausam oder auch tolerant. Aber im Grunde ist diese chaotische, von unendlich vielen Kriegszügen und Scharmützeln, von Zerstörungen und Verwüstungen erfüllte Epoche – die uns nichtsdestoweniger die schönsten Werke westöstlicher bildender Kunst und Architektur geschenkt hat – wissenschaftlich noch längst nicht gründlich aufgearbeitet. Noch lagern in der muslimischen Welt tausende und abertausende Akten, noch liegt in spanischen Archiven, darunter in umfangreichen Familiensammlungen, wesentliches Material, das immer noch nicht gesichtet und berücksichtigt wurde. Gesichert erscheint, zumindest auf den ersten Blick, dass aller Glanz und alle Pracht vom arabisch beherrschten Südspanien ausgingen, dass dort die Künste und Wissenschaften blühten und alle Religionen des Buches, Christentum, Judentum und Islam, in bisher noch nicht gekanntem Frieden nebeneinander existieren konnten.

Beeindruckendes Beispiel der Mudéjar-Architektur: der Patio de las Doncellas im Alcázar von Sevilla.

Der christliche Norden hingegen erscheint in diesen Berichten düster, unaufgeklärt, kulturlos, barbarisch, und der späte Sieg des Christentums, die „Befreiung Spaniens", die „Rettung Europas", wird von vielen geradezu als Unglück angesehen, führte er doch aus dem dunklen Mittelalter direkt in die Finsternis der Inquisition. Und wer, vergleicht er die anmutige Heiterkeit etwa der Alhambra in Granada mit der düsteren Wucht des Escorial, ist nicht geneigt, diesem Urteil schon gefühlsmäßig zuzustimmen? Und wer beklagt nicht die partielle Zerstörung des überwältigenden Säulenwaldes der Moschee von Córdoba zugunsten einer durchaus nicht überwältigenden christlichen Kirche?

Dazu kommt, dass die Araber seit jeher Meister des geschliffenen Wortes waren, schon in vorislamischer Zeit und lange vor den bildenden Künsten hatte sich die Dichtkunst zur Hochblüte entwickelt. Das Wort war und ist ein leicht transportables Material, ein einziger Mann konnte in seinem Kopf Meisterwerke durch die Wüste tragen, und Zuhörer für seine Geschichten, Fabeln, Balladen oder Liebesgedichte gab es allüberall. (Man denke nur an die berühmte Sammlung „Kitab al-Aghani", Buch der Lieder, oder an „Tausendundeine Nacht".)

Mit dem Gewinn der Macht wuchsen ihnen auch andere Künste zu, Architektur, Keramik und die Dekoration, bzw. sie übernahmen Formen und Tradition der Künstler und Handwerker aus Syrien, Ägypten, Persien oder auch Indien. Aus den Grundformen byzantinischer Kirchen wuchsen ihre eleganten Sakralbauten von Córdoba bis zum Taj Mahal in einem eigenständig gewordenen Stil, und aus der von islamischen Kriegern vielfach zerstörten sassanidischen Kunst kommen Spitzbogen, Gewölbe und der Zierrat, der allmählich zur Arabeske wird. Bauten, Räume und Dekorationen, die auch im Innersten des Europäers Träume wach werden lassen – die Affinität des Westens zum Orient, ein weites Feld für den Psychologen.

DIE EROBERUNG

Es waren ursprünglich gar keine Araber, die Südspanien eroberten, sondern Berber, die erst kurz davor selbst unterworfen worden waren (698 Eroberung Karthagos). Nach dem westgotischen Hilferuf begannen kleinere Gruppen bewaffneter Krieger die Meerenge von Gibraltar zu überqueren, um die Situation zu erkunden, sie machten Beute und kehrten fast unbehelligt wieder zurück. Sie fanden die westgotischen Ritter verweichlicht und wenig kampferprobt und erkannten den Reichtum, den ihnen der Besitz von Bodenschätzen bringen konnte. Ein größerer Eroberungszug mochte sich also auszahlen, und im Frühjahr 711 landete auf Befehl des Statthalters des Maghreb, Musa ibn Nusajir, der Berberfürst Tariq ibn Ziyad mit einer Streitmacht von etwa 7000 Mann, in der Hauptsache Berber, beim Felsen von Gibraltar, der seinen heutigen Namen nach der damaligen Bezeichnung Dschebel-al-Tariq trägt. Sieben Tage dauerte die blutige Schlacht von Jerez de la Frontera, in der König Roderich entscheidend geschlagen wurde, und schon im Oktober desselben Jahres erstürmte Tariq die westgotische Hauptstadt Toledo, deren Bewohner fast alle geflohen waren, und erbeutete märchenhafte Schätze, unter anderem einen mit Juwelen besetzten Tisch aus purem Gold, möglicherweise aus dem Tempel Salomons.

Im Jahr 711 eroberte der Berberfürst Tariq ibn Ziyad die Stadt Toledo.

Musa ibn Nusajir dachte allerdings nicht daran, das eroberte Land den Berbern zu überlassen, und landete 712 mit einem großen Heer von 18.000 Mann, in der Mehrzahl bereits Araber, in der Gegend des heutigen Algeciras. Er eroberte Medina Sidonia, Sevilla und Mérida, während sein Sohn Málaga und Granada einnahm. Tariq, der mit ihm noch Zaragoza, Lérida und Tarragona erobern durfte, wurde unter dem Vorwand, seine Befehle überschritten zu haben, festgenommen und ausgepeitscht, nur der Befehl des Kalifen Walid aus Damaskus rettete ihm Freiheit und Leben. Musa selbst hatte auch nicht viel mehr Glück. Er wurde nach Damaskus befohlen und wäre dort beinahe gekreuzigt worden, sein Sohn Abd al-Aziz, den er als Statthalter in Spanien zurückgelassen hatte, wurde 716 in einer Moschee in Sevilla ermordet. Vielleicht wurde er verdächtigt, ein vom Kalifen unabhängiges Reich in Spanien errichten zu wollen.

Auch sonst gab es dauernd Streit und Uneinigkeit aufseiten der Eroberer, Rang, Macht und Leben waren schnell verloren, und das war nicht zuletzt der Grund, weshalb auch das Reich des Propheten in Spanien 700 Jahre später wieder verloren wurde. Den Unterworfenen half das allerdings vorerst wenig – auch wenn sie von den Siegern mit einer für damals außergewöhnlichen Milde behandelt wurden. Wer sich nicht weiter auflehnte, durfte seinen Besitz behalten, und die Steuern waren kaum höher als vorher. Besonders zwei Bevölkerungsgruppen hatten allen Grund, den Machtwechsel eher zu begrüßen: die Armen, gegen deren Armut unter den Westgoten nur herzlich wenig getan wurde, und die Juden, die nun endlich frei und ohne Angst vor Verfolgung in ihren Traditionen leben und ihre Religion ausüben durften.

Aber die Muslime waren auf den Geschmack gekommen. In knapp zwei Jahren war mit Ausnahme von Asturien, Katalonien und Galicien ganz Spanien erobert worden, warum sollte nicht auch das übrige Europa eine Provinz von Damaskus werden, wo die Kalifen regierten? Schon 719 erreichten die ersten Truppen Avignon und Lyon, eroberten Narbonne, 725 Carcassonne und Nîmes, plünderten das Saône- und das Rhônetal, schließlich Autun und kehrten mit Beute beladen wieder heim. 732 zog der von Damaskus ernannte neue Statthalter von Pamplona ins westliche Frankreich hinauf, plünderte Bordeaux und kam bis in die Gegend von Tours – wo aber Herzog Karl von Austrasien sich ihm entgegenstellte und ihn in der berühmten Schlacht von Tours und Poitiers besiegte. Sechs Jahre später vertrieb er, ab nun Karl Martell, der Hammer, genannt, auch die Plünderer aus dem Großteil der Provence, und mit der Rückeroberung Narbonnes 751 durch seinen Sohn Pippin III., den Kurzen, war es mit

Im 10. Jh. war Córdoba mit fast 500.000 Einwohnern neben Konstantinopel und Bagdad eines der bedeutendsten Kulturzentren im Mittelmeerraum. Blick auf die Mezquita.

den Versuchen, Europa von Spanien aus unter das Schwert des Islam zu bringen, im Großen und Ganzen vorbei.

Auch auf der spanischen Halbinsel war Entscheidendes geschehen. Die syrische Kalifendynastie der Omajjaden (661–750) beherrschte nun zwar ein riesiges Reich vom Indus bis zum Atlantik, aber die alte Gegnerschaft zwischen ihr und den Nachfolgern Mohammeds, den Haschemiden, bestand nach wie vor. 749 brach sie offen aus, und Abu al-Abbas machte sich zum Kalifen. Damaskus wurde erobert, und beinahe sämtliche Omajjadenfürsten, zu einem vorgeblichen Versöhnungsgastmahl geladen, wurden niedergemetzelt. Einer der wenigen, die dem Massaker des ersten Kalifen des Abbasidengeschlechts entkamen, war Abd ar-Rahman, er gelangte auf abenteuerliche Weise nach Spanien, wo er sich 756 zum Emir ausrief, eine Armee des Kalifen von Bagdad zurückschlug und ein unabhängiges Reich gründete. Es wurde von Córdoba aus regiert und „Al Andaluz" genannt, sein Herrscher trug bis 929 den Titel „Emir", bis 1031 den Titel „Kalif".

Mag sein, dass diese schweren inneren Kämpfe, wie oft gesagt wird, Europa vor dem Islam bewahrt haben – eine Interpretation, die viel für sich hat, obgleich sich die Machtverhältnisse in den folgenden Jahrhunderten noch oft verschieben sollten. Jedenfalls gab das muslimische Spanien fortan seine Eroberungszüge auf und zog sich, von einzelnen Kriegs- und Raubzügen abgesehen, auch aus Nordspanien zurück. Der Süden unter Abdar-Rahman I. und seinen Nachfolgern blühte auf und wurde zu einem Hort der Dichtung und der Kunst, von der heute noch die prächtigsten Bauten Zeugnis geben.

KARL DER GROSSE

Vergoldete Reliquienbüste Karls des Großen (14. Jh.). Domschatz von Aachen.

Die dominierende Gestalt auf christlicher Seite war der Frankenkaiser Karl der Große (768–814). Es ist hier nicht der Platz, das erstaunliche Leben dieses Mannes breiter auszuführen, dennoch muss man, sieht man ihn vor dem Hintergrund seiner Zeit, seine Bedeutung für Europa, vielmehr für das, was Europa einmal werden sollte, wenigstens andeuten. Das klassische Altertum war unweigerlich zu Ende gegangen. Die mediterranen Länder, umkämpft und überschwemmt von germanischen Stämmen und Völkern aus dem Norden bis hin nach Nordafrika, hatten ihr Gesicht verändert, und das christliche Byzanz trat ihr Erbe an. Was jenseits der Alpen geschah, schien lange von nur peripherer Bedeutung.

Aber das Christentum wurde auf dem ganzen Kontinent verkündet und überwand den Ärmelkanal – ein Christentum, in dem der römische Papst eine ganz andere Rolle spielte als in Byzanz, dem Zentrum weltlicher Macht und theologischer Auseinandersetzungen. Und Fragen, ob etwa Jesus Christus mit Gott nur wesensähnlich oder wesensgleich sei, ob er wahrer Gott und wahrer Mensch zugleich oder ob seine beiden Naturen zu einer ganz neuen gottmenschlichen verbunden seien, waren nun beileibe nicht nur Sache spitzfindiger Theologen oder machthungriger Kirchenfürsten. Die hatten ihre Auswirkungen auf ganze Völker. Dazu kam, dass die gesamte Ostkirche immer eigenständiger und selbstbewusster geworden war, so dass es auch Kaiser Justinian, dem leidenschaftlichen Verfechter der Einigung, nicht gelang, die Gegensätze zu überbrücken.

Jenseits der Alpen und der Pyrenäen wuchs ein ganz anderes Christentum heran, das auch die weltlichen Herrscher prägte. Besonders die fränkische Dynastie der Karolinger gelangte, und das vor allem durch Karl den Großen, mit dem Segen der Päpste zu einer ungeahnten Machtfülle. Schon sein Vorgänger Pippin III. war in Saint-Denis zum „König von Gottes Gnaden" gesalbt worden, und Karl selbst wurde am Weihnachtstag des Jahres 800 von Leo III. zum Kaiser gekrönt. Die glänzende Idee, aus der engen Zusammenarbeit von Kirche und Staat das „Heilige Römische Reich" zu schaffen, mit dem die politische Macht aus dem lateinischen Mittelmeerraum an das germanische Nordeuropa überging, sollte ein ganzes Jahrtausend überstehen, auch wenn erst Friedrich Barbarossa 1155 das Wort „heilig" in seinen Titel aufnahm. Karls Verwaltung dieses Reiches, das in Macht und Ausdehnung dem der Muslime kaum nachstand, seine Gesetzgebung und seine Versuche, das erschreckend niedrige Bildungsniveau der Untertanen zu heben, waren ebenso beispielgebend wie seine Toleranz gegenüber den Juden, sein Fleiß und seine Tat-

Papst Leo III. krönt Karl den Großen zum Kaiser. Stich aus dem 17. Jh.

65

kraft. Noch in hohem Mannesalter saß er in der Palastschule des Sachsen Alkuin, den er nach Aachen berufen hatte, um Rhetorik, Dialektik und Astronomie zu studieren und das Schreiben zu lernen, und wenn nicht gerade ein Kriegszug ihn daran hinderte, las er Bücher. Gute Bücher, wie überliefert ist. 53 Kriegszüge hat man gezählt, 18 allein gegen die unbotmäßigen Sachsen, die das Christentum nicht annehmen wollten. Er war wahrscheinlich wirklich ein frommer Mann, auf jeden Fall wusste er instinktiv, dass sein Reich, ohne christlich zu sein, nie ein einheitliches Reich werden könnte.

An Spanien wäre ihm vermutlich nicht allzu viel gelegen, hätten die Muslime nicht immer wieder seine „Francia" bedroht. Dazu kam, dass im Jahre 777 der Statthalter von Barcelona ihn um Hilfe gegen seinen Glaubensbruder, den Kalifen von Córdoba, anrief. Der Christenkönig kam mit seinem Heer, wobei – Ironie der Geschichte – auch er seinen Glaubensbrüdern, den christlichen Basken, nicht über den Weg traute, sie also kaum anders behandelte als seine „ungläubigen" Feinde. Er zerstörte – anders als in der „Historia" des „Codex Calixtinus" – gleichsam im Vorübergehen die Mauern der Stadt Pamplona, um den Sarazenen die Möglichkeit zu nehmen, sich in der Stadt zu verschanzen und ihm den Rückzug abzuschneiden, falls ein solcher nötig war. Pamplona war schon einige Jahrzehnte in den Händen der Muslime gewesen, jetzt, da er es opfern musste, war es – welche neuerliche Ironie – gerade wieder einmal in mehr oder weniger christlichen Händen.

Das Wort „mehr oder weniger" ist hier wohl angemessen, da die beiden Kulturen einander immer mehr zu beeinflussen, wenn nicht zu durchdringen begannen und damit auch ihre religiöse Basis. Es gab getaufte Berber und islamische Westgoten, es gab Grenzgänger zwischen den Religionen, aus Überzeugung oder aus Angst oder um sich die Sondersteuern zu ersparen. Es gab Philosophen, die sich ihren eigenen Glauben formten und solche, die an gar nichts glaubten und nur an ihren Geschäften interessiert waren.

Karl jedenfalls zog nicht wie in der Legende nach Santiago, um das Grab des Heiligen von den Mauren zu befreien, sondern nach Zaragoza. Da er bald erkannte, dass die Umstände es nicht zuließen, bis nach Córdoba zu marschieren, und überdies aus der Heimat die Nachricht kam, die Sachsen hätten sich wieder erhoben und marschierten auf Köln zu, trat er schleunigst den Rückzug an. Worauf es den schon erwähnten historischen Überfall der Basken auf die Nachhut des Heeres gab, mit der tödlichen Konsequenz für Graf Hruotlant.

Aber Karl gab nicht auf, im Jahre 795 sandte er ein weiteres Heer über die Pyrenäen, und diesmal war er erfolgreicher. Barcelona gab sich geschlagen, und ein Streifen Nordspaniens kam als „Spanische Mark" zu seinem Reich. 806 erkannten Navarra und Asturien die Oberhoheit der Franken an.

Die „Cueva Santa" in Covadonga.

DER SIEG VON COVADONGA

Die Geschichte des christlichen Spanien zu dieser Zeit liegt eher im Dunkeln. Im Vergleich zu dem wohlhabenden, starken Reich der Omajjaden im Süden war das in winzige Königreiche aufgespaltene Gebiet der Christen arm und schwach.

Eine „Chronik der Westgotischen Könige" von Alfonso III. aus dem Jahre 911 erzählt von der ersten christlichen Erhebung in Asturien, in deren Verlauf Pelayo (Pelagius), angeblich aus westgotischem Geschlecht stammend, den Muslimen, die die besiegten Goten, Sueben, christlichen Berber und iberischen Kelten nach Norden ins Kantabrische Gebirge verfolgten, bei Covadonga die erste Niederlage bereitete. „Wir hoffen auf Christus", soll er vor der Schlacht gesagt haben, „dass seine Gnade die Kirche wiederherstellen wird, und das heißt, die Nation und das Königreich", und darin zeigen sich bereits die religiösen und politischen Aspekte des Kampfes gegen den Eindringling aus Afrika. Covadonga östlich der Stadt Oviedo, heute an der Grenze eines Naturschutzgebietes in wildromantischer Landschaft, ist ein spanisches Nationalheiligtum. Hier, in der „Cueva Santa", eine Höhle unterhalb eines „heiligen" Felsens, hatte sich der Anführer Pelayo mit seinen Kampfgefährten vor dem Araber Munuza, der in Gijón die Herrschaft der Muslime vertrat, zurückgezogen, und hier soll ihm auch die heilige Jungfrau erschienen sein und zum Zeichen des Sieges ein holzgeschnitztes Kreuz übergeben haben. Diese Höhle mit dem Bildnis der „Jungfrau der Schlachten" ist heute noch das Ziel vieler Pilger und Touristen. Und dort, wo der Kampf stattfand, ließ Pelayos Sohn Fávila, der nur zwei Jahre regierte, an der Stelle eines

Bedeutender Marienwallfahrtsort: die Basilika von Covadonga.

römischen Tempels, der seinerseits über einem prähistorischen Dolmen erbaut wurde, eine Kapelle errichten. Sie wurde 1653 erneuert, im spanischen Bürgerkrieg zerstört und im neuromanischen Stil wieder aufgebaut.

Was die Datierung dieser bedeutungsvollen Ereignisse betrifft, werden die verschiedensten Zahlen genannt, aber man kann am ehesten annehmen, dass die asturische Erhebung um 718 und die Schlacht selbst um 722 stattfand.

Nach diesem legendären Ereignis, das von muslimischer Seite immer als unbedeutendes Scharmützel heruntergespielt wurde, soll Pelayo sich zum König von Asturien gemacht und so die spanische Monarchie begründet haben – was von etlichen Historikern angezweifelt wird. König Alfonso I. (739–757) ist bereits eine historische Gestalt. Ihm gestattete die Niederlage der Muslime durch Karl Martell, das von den Arabern kurzfristig besetzte Galicien 737 wieder zurückzuerobern und den asturischen Machtbereich im Norden bis zur Küste auszudehnen. Sein Enkel, Alfonso II., nahm die Provinz León in Besitz und machte Oviedo zur Hauptstadt, es sollte ein geistiger Mittelpunkt werden, wie es das verlorene Toledo gewesen war.

Wenig später kam schon der heilige Jakob ins Spiel. Ein Grab wurde gefunden, das man für das des Apostels hielt, und König Alfonso II., der Keusche (791–842), ließ an der Fundstelle ein Kloster und eine Kirche bauen. Santiago de Compostela war geboren und mit ihm ein neues Selbstbewusstsein der Christen gewonnen, der Glaube an ihre Sendung, Spanien zu befreien. Beinahe wäre es Sancho III., dem „Großen" (994–1035), schon damals gelungen, mit der Eroberung von León, Kastilien und Aragonien dem islamischen Süden ein einheitliches Königreich Navarra mit der Hauptstadt Pamplona entgegenzusetzen, aber leider hatte er vier Söhne und leider hinterließ er jedem von ihnen einen Teil seines Reiches. Die Einheit war wieder verspielt.

TOLERANZ UND INTOLERANZ

Wie eng verflochten damals die Beziehungen zum islamischen Feind im Süden waren, mag die kuriose Geschichte des Königs von León, Sancho I., des Dicken (956–966), dokumentieren. Er war so dick, dass er ohne Hilfe seines Dieners keinen Schritt mehr gehen konnte, und eines Tages setzten ihn die adeligen Herren seines Reiches kurzerhand ab. Das scheint den dicken König zur Besinnung gebracht zu haben, er verließ León und begab sich nach Córdoba – beileibe nicht, um sich dort ein komfortables Asyl zu suchen, wie das schon damals üblich war, wenn man einem Herrn sein Reich und Amt wegnahm. Er überließ sich den Händen des berühmten jüdischen Arztes Hasdai ibn Schaprut, der ihn in der wohl erfolgreichsten Abmagerungskur der Weltgeschichte zu einem ranken tatkräftigen Don Quichote machte, der sich 959 sein kleines Reich und den Thron wieder zurückholte.

Historien dieser Art scheinen die allgemeine Meinung über die ungewöhnliche Toleranz der Muslime und ihrer Herrscher zu bestätigen, scheinen zu erklären, weshalb die Christen im besetzten Süden scharenweise konvertierten. Sicherlich gab es genau wie heute auch damals eine Unzahl von „Taufscheinchristen", denen die Religion der neuen Herren, die zudem auch noch wesentlich leichter zu praktizieren war als die Gebote Christi, eher ein neuer Reiz war. Aber wenn man allein das islamische Gesetz bedenkt, dass kein „ungläubiger" Herr einen „gläubigen", also muslimischen Sklaven behalten durfte, dann sieht die Sache schon anders aus.

Moses Maimonides (um 1135–1204), bedeutendster jüdischer Gelehrter des Mittelalters, entstammte einer angesehenen Familie aus Córdoba. Maimonides-Denkmal in Córdoba.

Verständlich, dass die Sklaven, vielfach slawischer Herkunft, sich dazu drängten, die neue Religion und damit die Freiheit zu gewinnen, verständlich aber auch, dass ihre Herren ihnen zuvorzukommen suchten und Muslime wurden, um sich ihren Besitz zu sichern. (Die Unmenschlichkeit der Sklaverei war damals unter beiden Religionen noch gang und gäbe, selbst der mächtige Karl der Große vermochte es nicht, seinen adligen Herren diesen „Besitz" zu verbieten.) Christen, für die solche Benachteiligungen kein Grund waren, ihrem Glauben abzuschwören, hatten aber noch unter ganz anderen Dingen zu leiden – und nicht nur, wie auch die Juden, unter den ihnen auferlegten höheren Steuern. Mit denen konnte man leben. Aber wenn die vielen zerstörten Kirchen nicht mehr aufgebaut werden durften, wenn der Grundbesitz der Kirche größtenteils eingezogen wurde und Bischöfe nur von islamischen Emiren ernannt und abgesetzt werden durften, dann musste die viel gerühmte Toleranz schon eher als Farce erscheinen. Wirklich gläubigen Christen konnte es nicht genügen, ihren Kult bloß hinter verschlossenen Türen vollziehen, keine Prozessionen veranstalten und keine Kirchenglocken läuten zu dürfen, um die Gläubigen zur Messe zu rufen. Ihnen musste es als tiefste Verachtung ihrer Religion erscheinen, dass Christen zwar ohne weiteres zum Islam übertreten durften, dass aber ein Muslim, der Christ geworden war, dem Henker gehörte. Und wenn sie es wagten, Jesus Christus öffentlich Sohn Gottes zu nennen, was wohl zum Zentrum ihres Glaubens gehört, dann riskierten sie ihr Leben. Sie durften die Lehre des Koran in keinem Punkt kritisieren, der Koran aber widersprach, auch wenn er Jesus als großen Propheten akzeptierte, den wichtigsten Punkten des Evangeliums. So wurde neben der Gottessohnschaft auch dessen Opfertod am Kreuz und somit die Auferstehung geleugnet, und oft genug in aller Öffentlichkeit. So musste jedem theologisch nur halbwegs Gebildeten eine weitere Diskrepanz auffallen, und ohne dass er darauf aufmerksam machen durfte: Laut Koran war dem Propheten Mohammed durch den Erzengel Gabriel das Wort Allahs überbracht worden – des Gottes auch der Christen und der Juden –, und darin wurde den Christen, zumindest in der Auslegung, unterstellt, dass sie an drei Götter glaubten, an den Vater, den Sohn und Maria. Zumindest in diesem einen Punkt musste der Koran also irren – oder Allah selbst hatte vergessen, dass seine christlichen Gläubigen zwar an eine dritte göttliche Person glaubten, dass dies aber der Heilige Geist und nicht Maria war. Oder war das bloß ein Übermittlungsfehler des Erzengels gewesen?

Und wie sollte ein Christ, der sein Christentum ernst nahm, es mit dem Missionsauftrag seines Herrn „Geht hin und lehret alle Völker und taufet sie" halten, wenn dieser Auftrag in seiner letzten Konsequenz mit der Todesstrafe belegt wurde? Die Juden, die nur selten Proselytenmacher waren, hatten unter solchen Gesetzen kaum zu leiden, für Christen aber, für die Mission nicht nur ein Weg zu den „Heiden" war, wie wir sie heute noch vielfach eingeengt verstehen, sondern ein Weitergeben ihres Glaubensguts an Kinder und die viel zitierten Nächsten, müssen diese Repressionen kaum erträglich gewesen sein.

Welche psychologischen Auswirkungen unter all diesen Umständen die Nachricht von der Auffindung des Apostelgrabes haben mochte, können wir nur erahnen. Man nimmt heute an, dass dies zwischen den Jahren 820 und 830 stattgefunden hat, Vorsichtigere erweitern den Zeitraum von 788 bis 838. Es war jedenfalls nicht so, dass dieses Ereignis mit seinem Bekanntwerden wie eine Bombe eingeschlagen hätte, nicht im islamischen Süden und nicht im christlichen Norden, und auch die Umstände veränderten sich nicht so rasch. Im Süden gab es keine Chance, die Besatzung loszuwerden, und wenn auch die Königreiche im Norden bestehen bleiben konnten, so gab es dennoch immer wieder muslimische Überfälle und Beutezüge. Noch lange sollte es zwischen den beiden einen viele Kilometer breiten, bald völlig entvölkerten Grenzstreifen geben, in den von Zeit zu Zeit, einmal von Süden, einmal von Norden her, plündernde Truppen einbrachen, Städte und Dörfer verwüsteten und sich wieder zurückzogen, da sie ja doch wussten, dass sie sich auf die Dauer nicht halten konnten.

Ob es da nur ein Zufall war, dass drei Jahrzehnte nach dem plötzlichen Auftauchen des heiligen Apostels aus Galicien sich plötzlich in Córdoba seltsame Akte religiösen Fanatismus kundtaten? Da gab es ein Mädchen mit Namen Flora, ihr Vater war Muslim, die Mutter Christin. Als der Vater starb, entschloss sich auch das Mädchen, Christin zu werden und suchte bei Christen Zuflucht. Sie wurde von ihrem Bruder, der ihr Vormund war, zurückgeholt und vor ein islamisches Gericht gebracht. Sie musste mit der Hinrichtung rechnen, aber der Kadi war milde und befahl nur ihre Auspeitschung. Flora gelang neuerlich die Flucht und versteckte sich in einem Kloster. Jetzt kamen zwei Priester ins Spiel, Eulogius, der einen starken Einfluss auf sie gewann und sie in ihrem Entschluss bestärkte, und Perfektus, der plötzlich in aller Öffentlichkeit gegen den Propheten Mohammed zu wettern begann. Der Obrigkeit war das alles sehr unangenehm. Man ließ zwar zu, dass christliche Priester auf der Straße verhöhnt und beschimpft wurden, aber töten, wie das Gesetz es vorschrieb, mochte man Perfektus denn doch nicht. Er wurde monatelang gefangen gehalten, und man hoffte auf eine Sinnesänderung, aber vergeblich. Bis zur Stunde der Hinrichtung schmähte er den Propheten als Betrüger, Ehebrecher und Kind der Hölle. Die Christen von Córdoba trugen den Bekenner mit großem Pomp zu Grabe.

Das war im Jahre 850, und jetzt brach eine wahre Bekennerwut aus. Immer mehr Christen drängten sich förmlich zum Martyrium und schmähten den Propheten, unter ihnen auch Flora, die 851 enthauptet wurde. Sieben Jahre später starb auch der Priester Eulogius den ersehnten Märtyrertod.

Die Bewegung dieser religiösen Bekennerschaft erlosch bald wieder – sicher nicht aus Gehorsam gegenüber den Bischöfen, die die „Fanatiker" sogar auf einem vom Kalifen einberufenen Konzil verurteilt hatten. Wer konnte Bischöfen, die so eng mit der Obrigkeit zusammenarbeiten, schon trauen? Aber vielleicht war auch eine Art Resignation ausgebrochen, da jede Hilfe von oben auszubleiben schien.

DIE RITTERORDEN

Mittlerweile war die Zahl der Pilger schon so groß geworden, dass die erste Kirche in Santiago erweitert werden musste. Im Jahre 1955 wurde die Grabplatte des Bischofs Theodemir entdeckt, den man bis dahin vielfach nur als Gestalt aus der „Legenda aurea" des Jacobus de Voragine gesehen hatte. Der Bischof von Iria Flavia (gestorben 847) zählt mit Alfonso II., dem vielleicht größten König, den Asturien hervorgebracht hat, zu den ersten großen Förderern des Jakobkults. Es ist anzunehmen, dass Santiago vorerst ein lokaler Wallfahrtsort war, zu dem Pilger aus der näheren Umgebung kamen, und später auch aus dem weiteren Asturien. In welcher Zahl sie kamen und unter welchen Umständen, ist jedoch unbekannt. Wir können uns ja auch keine Vorstellung davon machen, wie rasch und in welcher Intensität das legendäre Eingreifen des Heiligen in der Schlacht von Clavijo, von dem heute so leicht hingesagt wird, dass St. Jakob damit zum Schutzpatron im Kampf gegen die Ungläubigen wurde, ins Bewusstsein der Menschen dringen konnte. Dass im Jahre 900 der Bischofssitz von Iria Flavia nach Santiago verlegt wurde, ist immerhin ein Indiz für die wachsende Bedeutung der Stadt.

Fast symbolhaft erscheint, dass der erste namentlich genannte Pilger ein Ausländer war, der Bischof Godeschalk (Godescalcus) aus Le Puy, dem Ausgangspunkt

Rosettenfenster in der Kirche von Calatrava la Nueva.

Der Orden von Calatrava errichtete 1217 nahe der Burg Salvatierra seinen neuen Sitz, Calatrava la Nueva.

eines der vier Pilgerwege aus Frankreich. Das war 951, und Frankreichs Interesse an dem Heiligen ebenso wie an der politisch-religiösen Situation jenseits der Pyrenäengrenze ist ganz natürlich. Dieses Land war sich der Gefahr des Islam ja schon seit den Tagen Karl Martells bewusst. Schon die Bezeichnung des Jakobsweges als „camino francés", als „französischer Weg" oder „Weg der Franken", spricht für die enge Verbindung der beiden Länder in der Pilgerschaft nach Santiago wie im Kreuzzug gegen die Besetzer Südspaniens. Allein zwischen 1017 und 1120 kamen 20 französische Expeditionen den Spaniern gegen die Muslime zu Hilfe, und berühmte Namen von Herzögen, Grafen und Rittern werden als ihre Anführer genannt. Auch Vertreter der Ritterorden, der Johanniter, der Templer, tauchen immer wieder in Spanien auf, als Pilger, als Kämpfer gegen die Mauren, als Siedler in entvölkerten Landstrichen. Französische Klostergemeinschaften wie die von Cluny, Äbte und Bischöfe werden jenseits der Pyrenäen tätig, und verwandtschaftliche Verbindungen zwischen nordspanischen Adelshäusern und solchen aus Frankreich sind keine Seltenheit.

Es gibt freilich auch Stimmen, die Frankreichs Einfluss besonders in der Reconquista nicht für ganz so bedeutsam halten. So wird berichtet, dass Ritter des Templerordens trotz der spanischen Freizügigkeit, was Geld und Schenkungen von Ländereien betraf, sich weigerten, das von den Spaniern 1147 eroberte Calatrava zu verteidigen – mit der Begründung, sie fühlten sich dem zu erwartenden Angriff der Almohaden nicht gewachsen. (Die Almohaden, 1147–1269, waren ein maurisch-spanisches Herrschergeschlecht, das von einer 1121 gegründeten Glaubenspartei getragen wurde, Spanien eroberte, aber nach der Entscheidungsschlacht gegen die Christen bei Las Navas de Tolosa 1212 immer mehr aus Spanien zurückgedrängt wurde.)

Diese Weigerung der Templer war der Anlass dafür, dass die Bewohner Calatravas selbst zur Verteidigung rüsteten, und in der Folge wurde der „Orden von Calatrava" gegründet, der als erster spanischer Ritterorden mit dem Ziel „Kampf gegen die Feinde des Glaubens" 1164 von Papst Alexander III. die Bestätigung seiner Regel erhielt. Vier Jahre später entstand in Caceres der „Orden von Santiago", allerdings nicht, wie manchmal behauptet wurde, zum Schutz des Pilgerweges gegen muslimische Angriffe, die gab es seit dem Tod von Al-Mansur (1002) nicht mehr. Ihm gehörten Kleriker und Laienbrüder an, sie mussten die Gelübde der Armut, des Gehorsam und der Keuschheit ablegen – wobei die Ritter heiraten durften – und ihre Regel war der der Augustiner und der Templer nachgebildet. Es gab auch noch andere Orden, die aber alle nach kurzer Zeit in die beiden eben genannten aufgingen.

Die Aufgaben dieser Ritterorden, die auch mit den Templern und Johannitern zusammenarbeiteten, waren Kriegszüge in muslimisches Gebiet, Schutz und Verteidigung von Orten und Straßen, aber auch die Wiederbesiedlung eroberter Gebiete mit christlichen Bauern. Der Orden von Santiago kaufte auch christliche Gefangene frei.

Die Gefahren der Reise nach Santiago waren im Anfang groß, und die Zahl der Pilger schwankte von Jahr zu Jahr. Im 9. Jahrhundert kamen immer wieder die Normannen ins Land, und Raubzüge der Muslime waren an der Tagesordnung. Der Kalif von Córdoba, der Omajjade Abd-ar-Rahman III., der im Zentrum der glanzvollen islamischen Kultur, in Córdoba, residierte, zerstörte 924 Pamplona samt seiner Kathedrale. Später kehrte für einige Jahre Frieden ein, und die Pilger, deren Zahlen wieder stiegen, konnten sich der ersten Klöster erfreuen, in Navarra, Asturien und León, wo ihnen Mönche aus Toledo und Córdoba Hilfe und Nachtlager boten.

Die Friedenszeiten dauerten nicht lange. Diesmal war es Muhammad ibn Abi Amir, der Kämmerer des minderjährigen Kalifen, der sich selbst den Titel Al-Mansur bi'llah („siegreich durch Gott") gab, der Jahr für Jahr in die Königreiche nördlich des Duero und des Ebro einbrach und reiche Beute und zahllose Gefangene heimbrachte. Dank seines militärischen und organisatorischen Genies von 978 bis zu seinem Tod fast uneingeschränkter muslimischer Herrscher, brachte er den „Heiligen Krieg" in die Politik der Omajjaden, plünderte 981 Zamora und schlug die vereinigten königlichen Heere. 985 plünderte er Barcelona, 987 Coimbra, 988 León und machte die Abteien Sahagún und Eslonza dem Erdboden gleich. Es half nichts, dass die christlichen Herrscher sich zu jährlichen Tributzahlungen bereitfanden und Sancho II. von Navarra Al-Mansur seine Tochter zur Frau gab, wie ein Rasender verwüstete der Araber Städte, Festungen und Klöster und kam zuletzt, 997, nach Santiago, wo er die Kirche des heiligen Jakob zerstörte und deren Glocken und Türen von versklavten Christen nach Córdoba schaffen ließ. Das Grab des Apostels selbst soll er unberührt gelassen haben, und zu diesem seltsamen Faktum wird auch eine hübsche Geschichte erzählt: Er habe dort einen betenden Mönch angetroffen und ihn gefragt, was er hier tue. Und auf die Antwort des Mönchs, er leiste dem heiligen Jakob Gesellschaft, habe er sich betroffen wieder zurückgezogen. In Wahrheit, so wird zumindest überliefert, ist der Leichnam samt seinen Schätzen bereits vor Al-Mansurs Ankunft in Sicherheit gebracht worden.

Man könnte es fast als ein Wunder bezeichnen in dieser Zeit der Wunder, dass diese furchtbaren Niederlagen nicht als Zeichen der Machtlosigkeit, ja als Nicht-Präsenz des Heiligen angesehen wurde, zu dessen Grab schon so viele Menschen gepilgert waren. Aber auch diese Prüfung ging vorüber. Im Jahre 1002 starb Al-Mansur und wurde „in der Hölle begraben", wie ein Chronist aus Burgos vermerkte.

Blick von der Burg Calatrava la Nueva auf die Felder vor der Sierra Morena.

KREUZZÜGE NACH OST UND WEST

Es mag verwundern, dass aus Rom weder zu dieser noch zu anderen Zeiten nicht mehr als verbale Aufrufe kamen, Spanien den „Heiden" zu entreißen. Aber der Stuhl Petri war schon lange zum Spielball byzantinischer Kaiser und römischer Adeliger geworden, die oft die Unwürdigen zu Päpsten machten. Und auch die deutschen Kaiser spielten in dem schändlichen Spiel um die Macht in der Kirche mit – übrigens auch ein Grund, weshalb im Gegensatz zu Compostela die Pilgerfahrten nach Rom damals so zurückgingen.

Pilgerziel Vézelay in Burgund, wo Bernhard von Clairvaux 1146 zum zweiten Kreuzzug aufrief.

Auch das ein Wunder, dass diese Kirche aus ihrem politischen, moralischen und religiösen Tiefstand überhaupt noch auftauchen konnte? Dass es in diesem dunklen 10. Jahrhundert, das von einem Konzil als das letzte vor dem Jüngsten Gericht verkündet worden war, noch große Päpste, Heilige und einfache Menschen gab, die die Idee des Christentums und die Institution der Kirche über die Zeitläufe hinwegretteten?

Fast ein Jahrhundert früher als in Spanien waren die Muslime in Palästina eingebrochen, aber auf die Idee, das Skandalon, dass das Grab Christi unter der Herrschaft der Heiden stand, zu beseitigen, und einen Kriegszug zu planen, kam Papst Gregor VII. erst im Jahre 1074. Die Welt hatte sich an die relativ milde Herrschaft der ägyptischen Fatimiden im Vorderen Orient gewöhnt, und in ganz Europa waren die Pilger zu sehen, die als Zeichen ihrer Pilgerschaft nach Palästina die gekreuzten Palmblätter trugen, wie die Jakobspilger die Muschel.

Dann aber eroberten die türkischen Seldschuken Jerusalem, und die Berichte über die Verfolgungen der Christen und die Entweihung ihrer Heiligtümer waren alarmierend. Dazu kamen freilich auch wirtschaftliche und politische Interessen. Es ging um die Sicherung der Handelswege Venedigs und anderer italienischer Stadtstaaten im östlichen Mittelmeer, vor allem aber war das byzantinische Reich, seit sieben Jahrhunderten die einzige Abwehr gegen Slawen, Bulgaren und die Angreifer aus Asiens Steppen, gefährlich geschwächt. In der verheerenden Schlacht von Mantzikert im Jahre 1071 wurde das byzantinische Heer beinahe völlig aufgerieben, und wenn nun auch Konstantinopel fallen sollte, dann war ganz Osteuropa den Türken ausgeliefert, und Karl Martell hatte vergeblich zwischen Tours und Poitiers gesiegt. Kaiser Alexios I. schickte einen dringenden Hilferuf an Papst Urban II., der auf der historischen Synode von Clermont am 27. November 1095 in einem feurigen Appell die Christenheit aufrief, die vielen Fehden im eigenen Land ruhen zu lassen und zum Kampf gegen den Islam anzutreten. Die vielleicht folgenschwerste Rede des Mittelalters:

„Ein gottloses Volk hat die Wiege unseres Heils, das Vaterland des Herrn, das Mutterland der Religion in seine Gewalt gebracht. Das gottlose Volk der Sarazenen beherrscht die heiligen Stätten, die die Füße des Herrn betreten haben, mit seiner Tyrannis und hält die Gläubigen in seiner Knechtschaft. Sie sind in das Heiligtum gekommen, und das Heiligtum ist entweiht. Das Volk, das den wahren Gott verehrt, ist erniedrigt und muss tiefste Bedrückung erleiden … Dem gläubigen Volk werden seine Söhne entrissen und gezwungen, den heidnischen Unreinen Sklaven zu sein, den Namen des lebendigen Gottes zu verleugnen oder zu schmähen, und wenn sie sich den Befehlen widersetzen, werden sie hingeschlachtet wie das Vieh … Darum, liebe Brüder, bewaffnet euch mit dem Eifer Gottes und gürtet euch mit dem Schwert, um Söhne des Gewaltigen zu sein. Es ist besser, im Kampf zu sterben als zuzusehen, wie unser Volk und die Heiligen leiden. Zieht aus, und der Herr wird mit euch sein! Wendet die Waffen, mit denen ihr sonst das Blut eurer Brüder vergießt, gegen die Feinde Christi und unseres Glaubens … Wir aber werden durch die Barmherzigkeit Gottes und auf die Apostel Petrus und Paulus gestützt allen gläubigen Christen, die gegen die Heiden die Waffen zur Hand nehmen und sich den Lasten dieser Pilgerfahrt unterwerfen, alle die Strafen erlassen, die die Kirche über sie verhängt hat. Und wer in wahrer Bußgesinnung fällt, dem sollen Vergebung aller seiner Sünden, dem soll das ewige Leben geschenkt werden …"

Und die vielen Tausenden, die auf einem offenen Feld versammelt waren, jubelten ihrem Landsmann zu: „Dieu li volt – Gott will es!"

Die Kreuzzugsbewegung, die mit wechselndem Erfolg genau zweihundert Jahre dauerte und 1291 mit dem Fall von Akkon so tragisch enden sollte, hatte aber auch ihre Auswirkungen auf die Entwicklung des Camino und damit auf ganz Spanien. Denn, wenn man mit dem Schwert ins Heilige Land pilgerte, um die Pilgerschaft ohne Schwert zum Grab Christi zu ermöglichen, warum sollte man nicht auch in den Süden Spaniens vorstoßen? Und nicht nur, um den christlichen Norden zu schützen, sondern auch um die gläubigen Brüder von der Tyrannis der „Heiden" zu befreien. Und auch diesen Kämpfern, ob es nun Ritter einer Ordensgemeinschaft waren oder einfache Leute, versprach der Papst den gleichen Erlass der Strafen für ihre Sünden wie denen, die nach Jerusalem zogen.

CAMINO UND RECONQUISTA

Der Camino war längst international geworden, und es gab jetzt drei große Pilgerziele: Jerusalem, Rom und Santiago, wobei Jerusalem trotz des verzweifelten Einsatzes der Kreuzritterheere immer unsicherer wurde. Die immer mehr anwachsenden Pilgerscharen – 11. und 12. Jahrhundert gelten als Höhepunkt in der Geschichte des Jakobsweges – bedurften nicht nur des Schutzes, sondern auch der geistlichen Betreuung. Wie auch die Ortsansässigen Zentren brauchten, in denen ihr Glaube vertieft und ihr Wille, diesen Glauben auch zu verteidigen, gestärkt werden musste. Eine Anzahl von Ordensgemeinschaften, Zisterzienser und Prämonstratenser, Augustiner Chorherren stellten sich zur Verfügung. Die verschiedenen Gemeinschaften der Hospitaliter widmeten sich dem Dienst an den Kranken und die Cluniazenser brachten die religiöse Dynamik ihrer Reformen gegen die Verweltlichung der spätkarolingischen Epoche ein: christliche Distanz zur Welt und dennoch Mitverantwortung für den Nächsten, für die ganze Christenheit: Askese, Gehorsam gegenüber den Oberen, Pflege der Liturgie und dennoch eine Offenheit gegenüber der Welt, die die abendländische Geschichte und auch ihre Kultur mitgeprägt hat. „Cluny war das religiöse Herz des Abendlandes" (Franzen), und da dieses Herz im 12. Jahrhundert in mehr als 2000 Klöstern schlug, breitete sich der Geist der Verinnerlichung und Vertiefung des christlichen Lebens von Burgund nach Deutschland, nach Italien und England aus und natürlich auch nach Spanien über den Jakobsweg.

Die weltlichen Herrscher, die die Kirche Christi – und auch den Jakobsweg – mit reichen Schenkungen bedachten, verfolgten damit sicherlich auch höchst weltliche Ziele. Lockte man Pilgerströme an, dann erhöhten sich die Einnahmen – man rückte aber auch selbst entsprechend ins Blickfeld der Öffentlichkeit und gewann somit leichter willige Helfer im Verteidigungsfall. So säumt eine ganze Anzahl steinerner Zeugnisse dieses Bemühens den Camino. Von Santiago, wo schon um das Jahr 1000, drei Jahre erst nach der Zerstörung der Kirche des heiligen Ja-

kob, der König von Asturien und León, Alfonso V., eine neue Kirche zu bauen begonnen hatte, bis zum Col de Somport (summus portus), im äußersten Osten des Pilgerweges, wo König Sancho I. Ramirez von Aragón um 1078 das Hospital Santa Cristina gründete. Mit dem Hospiz in Jerusalem und jenem auf dem St. Bernhard das bedeutendste der Welt, wie der „Codex Calixtinus" sagt. Derselbe Sancho I. Ramirez ließ auch die wenige Kilometer weiter südlich liegende Stadt Jaca zur „königlichen Stadt" ausbauen.

Im Jahre 1031 brach das Kalifat von Córdoba zusammen. Das an die 25 Millionen Einwohner zählende Reich der Omajjaden mit einer Hauptstadt, in der 3000 Moscheen zum Gebet riefen, mit prächtigen Palästen, darunter den Alcazar, mit der auch andere Städte wie Granada, Sevilla oder Toledo wetteiferten, mit Universitäten, Bibliotheken und Akademien, die kaum anderswo ihresgleichen hatten, zerfiel an Despotismus und Anarchie, wie es hieß, am Ungehorsam von Statthaltern und blutig niedergeschlagenen Aufständen; an Konflikten zwischen Berbern und Slawen, die noch für Al-Mansur gekämpft hatten und jetzt Rivalen waren, Rivalen auch der Hispano-Araber in Córdoba, Sevilla, Toledo. Auch der Islam war kein Bindeglied mehr, und so zerfiel in knapp 25 Jahren, was mehr als 300 Jahre gedauert hatte, in gezählte 23 sogenannte Taifas – ein für viele noch heute unverständliches Zahlenspiel. Kleine Nachfolgestaaten, Zweikönigtümer, die dauernd miteinander im Streit lagen und nicht mehr fähig waren, einen einheitlichen Staat zu bilden. Ein Umstand,

Die große Mihrab-Kuppel in der Mezquita von Córdoba.

der den Christen im Norden sehr zugute kam, die es immer besser verstanden, die in sich zerstrittenen muslimischen Staaten gegeneinander auszuspielen und von sich abhängig zu machen, Schutzbündnisse zu schließen und dafür hohen Tribut zu erheben.

Muslimische Gelehrte machten den Glaubensverlust und die allzu laxe Lebensart für das Elend der Mauren in Spanien verantwortlich, und nordafrikanische Sektierer, die Almoraviden („Grenzkämpfer", 1036–1147) und die sie ablösenden Almohaden, bemächtigten sich für jeweils kurze Zeit des islamischen Gebiets. Vergeblich, die entscheidende Phase der Reconquista, bei der nun auch die geistlichen Ritterorden eine große Rolle spielten, war angebrochen, und die Staaten des Nordens drängten die muslimischen Besatzer immer weiter in den Süden zurück. Je größer die Bedeutung des Jakobsweges wurde, je mehr sich die Christen nach all den vielen Bruderkriegen, Heiraten und Erbteilungen, wenn auch langsam und unter unendlichen Mühen, zusammenfanden, desto chaotischer wurden die Zustände im maurischen Süden. Historiker mögen dafür ihre Argumente haben und diese gegenläufige Entwicklung in keinerlei kausalem Zusammenhang sehen. Hätte es aber schon damals eine Geschichtsschreibung des kleinen Mannes, des Vertreters der „Volksfrömmigkeit" gegeben, die nicht nur Kriegszüge und Lebensschicksale von Fürsten und Königen sammelt, sie hätte dieses Geschehen ganz sicher den Fürbitten Santiagos zugeschrieben.

Wie dem auch sei, die Städte Pamplona, Burgos, León und Santiago waren

Engel mit Wappen in der Hospitalruine von San Vicente de la Barquera, Kantabrien.

nun in Sicherheit. Wäre es um den Jakobsweg als militärisches Bollwerk gegen die muslimische Streitmacht gegangen, die Gründung der Ritter von Santiago und der anderen Orden wäre zu dieser Zeit bereits überflüssig gewesen. Aber Santiago war bereits weit mehr geworden, Synonym für einen Auftrag, für eine Idee, für eine Vision. Der Apostel sollte Spanien noch einmal missionieren. Ob dies auch immer die Vision der Herrschenden war, die mit Hilfe ihrer Untergebenen ihre Schlachten schlugen, ob hinter dem offensichtlichen Machtanspruch und dem Verlangen nach Beute, nach Sklaven und Gold, nach Vieh und Weideplätzen und hundert anderen verlockenden Dingen noch viel Raum für Ideale war, das lässt sich aus der großen zeitlichen Distanz kaum mehr feststellen. Dass aber zumindest die Ritterorden, auch wenn sie beim Plündern und Beutemachen nicht immer die Letzten waren, von dieser Vision getragen und bewegt wurden, und mit ihnen auch viele ihrer einfachen Soldaten, das darf wohl mit Sicherheit angenommen werden.

Dabei hätten die beiden Kulturen ab dem 12. Jahrhundert recht gut nebenein-

Doppel-Hufeisenbogen: das Kalifentor der Burg Gormaz.   *Blick aus dem Kalifentor.*

ander, miteinander existieren können. Der hohe überkonfessionelle Rang der arabischen Philosophie hätte vielleicht sogar einen Dialog ermöglicht. Längst gab es Männer wie den Mediziner und Philosophen Averroes (um 1106–1198), die ihrer Überzeugung Ausdruck verliehen, dass der Koran nicht wörtlich zu nehmen sei, und dass eben nur das einfache Volk greifbarer Bilder bedürfe, hinter denen eine abstrakte göttliche Macht stehe. Symbolisch ausgelegt ließen sich die religiösen Lehren mit den Ergebnissen der Wissenschaft und der Philosophie ohne Weiteres in Einklang bringen.

Aber diese Denker konnten sich nicht durchsetzen, schon 1150 waren die philosophischen Werke des Avicenna (um 980–1037) verbrannt, und auch die Schriften des Averroes landeten vier Jahre vor dessen Tod auf dem Scheiterhaufen. Es war die Zeit der Almoraviden und ihrer Nachfolger, mit denen sich auch im maurischen Bereich fanatische Unduldsamkeit breitmachte, die die christlichen Könige Böses ahnen ließ – falls sie selbst sich je zu einer entsprechenden Toleranz hätten aufschwingen können. Sie griffen lieber zum Schwert, und 1085 eroberte Alfonso VI., König von Kastilien und León, Toledo, die einstige Hauptstadt der Westgoten, die nun wieder zur Residenz und zum kirchlichen Mittelpunkt wurde, und das praktisch entvölkerte Zentralspanien konnte wieder besiedelt werden. 1118 eroberte Alfonso I. Zaragoza, und das Ebro-Becken fiel an Aragón. Im Jahre 1212 wurde durch den Sieg des vereinigten christlichen Heeres der Könige von Kastilien, Aragón und Navarra bei Las Navas de Tolosa der Widerstand der Mauren endgültig gebrochen, und innerhalb der nächsten Jahrzehnte fielen in rascher Folge Córdoba, Sevilla, die Balearen und Valencia an die Christen. Blieb nur noch das maurische Königreich von Granada, das aber bis zu seiner endgültigen Zerstörung im Jahre 1492 von Kastilien-León lehensabhängig war.

RELIQUIEN GESUCHT

In der Hauptkirche des Klosters von San Juan de la Peña wurde seit dem 13. Jh. eine Schale gezeigt, die das Blut Christi aufgefangen haben soll.

Kreuzgangruine des Klosters San Juan de la Peña.

Man ist es gewohnt, vom finsteren Mittelalter zu sprechen und meint damit eine Epoche des Aberglaubens, religiöser Wahnideen und blutiger Verirrungen. Und tatsächlich bedurfte es, wenn wir den Gedanken Chestertons folgen, eines Franz von Assisi – der übrigens zwischen 1213 und 1215 auch nach Santiago gepilgert war –, um die Kirche mit der Natur zu versöhnen. Der Natur, die in den Augen frommer Christen immer noch von heidnischen Dämonen bevölkert war, die in den Bereich des Bösen verwiesen wurden, während Franziskus erstmals von Bruder Sonne und Schwester Mond redete. Nicht immer mit Erfolg, man hielt sich mehr an die vermeintliche Wunderkraft inbrünstig verehrter Reliquien. Auch dem Wissen arabischer Ärzte wurde vielfach als gotteslästerlicher Hexerei misstraut, Heilungen von körperlicher Krankheit suchte man allein bei Gott und seinen Heiligen. Und nach und nach auch bei gebildeten Ordensleuten.

Als nun der Jakobsweg immer mehr und immer reicher ausgebaut wurde und immer mehr Wallfahrtskirchen, Kapellen und Klöster die gepflasterten oder erdigen Straßen säumten, wurde auch der Bedarf an Reliquien immer größer. Schon seit dem 4. Jahrhundert wurden die Leichname von Heiligen verehrt, weil man ihnen übernatürliche Kräfte zuschrieb. Reliquien sollten verehrt werden, „weil die Heiligen lebendige Glieder Christi und Tempel des Heiligen Geistes waren, die zum ewigen Leben verherrlicht sind, und Gott durch sie viele Wunder getan hat", wie es in einer Bestimmung des Tridentinischen Konzils heißt. Und während man anfangs die Altäre von Märtyrerkirchen möglichst direkt über dem Grab der Märtyrer erbaute – mit Bezug des Märtyrertodes auf den Opfertod Christi –, wurde

Grabmal San Millán de la Cogolla, der Stein ist blank gerieben von Tüchern und Händen der Pilger.

es später üblich, Reliquien auch in Altarsteine anderer Kirchen einzuschließen. Begreiflich, dass es bald in der ganzen christlichen Welt und so auch am Jakobsweg an genügend Märtyrerleichen fehlte, man begann sie also mehr oder weniger zu zerstückeln, und je größer der Bedarf wurde, desto schwunghafter der Handel damit. Bald wollten auch die Pilger ihre Reliquie haben, um sie mit sich zu tragen oder daheim aufzustellen wie in den kostbaren Reliquiarien der Kirchen und Klöster, denn deren Besitz bedeutete Hilfe, Schutz und auch Hochachtung. Und wer nicht zum Dieb werden wollte – was übrigens nicht als besonderes Vergehen galt –, der musste sich andere „indirekte" Reliquien verschaffen, die vielleicht nicht so wirksam, dafür aber in unbegrenzten Mengen zu haben waren: Tücher, die den heiligen Leichnam berührt hatten, Holzsplitter von Bäumen auf dem Ölberg oder auch das herabgetropfte Wachs von Kerzen nahe einem heiligen Grab. Besonders beliebt waren natürlich auch Splitter vom Kreuz Christi, was Erasmus von Rotterdam zu der Bemerkung veranlasste, wenn man alle diese Kreuzpartikel sammelte, die in Europa gezeigt, besessen und verehrt würden, könnte man damit sicher ein ganzes Lastschiff füllen. Den Menschen des Mittelalters schien das eher gleichgültig zu sein, sie kauften und verehrten und glaubten, und wenn das ersehnte Wunder geschah, dann waren die Reliquien echt.

So waren es vor allem die Berichte über die Wunder, die die Pilger an den Jakobsweg zogen, und derlei Berichte gibt es viele, und deren bekannteste sind sicher im Buch der Mirakel aus dem „Codex Calixtinus" zu lesen. Und wenn, wie im Falle des Klosters Corbigny, die Reliquien eines gewissen Leotard, im Glauben, es seien die des heiligen Leonhard, verehrt wurden und auch aufsehenerregende Wunder taten, wie der Codex berichtet, dann zeigt es sich eben, dass die Wirkung des wahren Leonhard, der in Limoges lag, auch andernorts um nichts geringer war – wenn nur entsprechend an ihn und an seine Gegenwart und an seine heilende Kraft geglaubt wurde.

Dennoch betrachtete die Kirche den schwunghaften Handel mit echten und falschen Reliquien mit wachsendem Misstrauen, und so erließ das Laterankonzil von 1215 strenge Bestimmungen, die später noch verschärft wurden. Jede Reliquie musste ihre „Authentik" haben, also eine vom Papst approbierte und vom Bischof bestätigte Urkunde über ihre Identität und Integrität, wenn sie verkauft wurde. Ob die Unzahl der Reliquien, die wir heute noch in kostbarsten Schreinen bewundern können – so die Partikel des Kreuzes Christi, seines Gewandes, des Brotes vom Letzten Abendmahl oder vom Gewand seiner Mutter in der Cámara Santa von Oviedo –, dadurch alle ihre „Authentizität" haben, das wollen wir dem gläubigen Vertrauen des Betrachters überlassen. Es heißt, dass viele der Letztgenannten schon einen langen Weg aus Afrika und über den Kirchenschatz von Toledo hinter sich haben, immer auf der Flucht vor Feinden und zuletzt vor den Arabern – wie auch die heiligen Überreste des Jakobus.

Auch die Gebeine des heiligen Eulogius wurden entführt, um sie nach seinem Martyrium in Córdoba den Händen der Araber zu entreißen, und wurden in

Unberührt vom geographischen Wandel liegt das Kloster Leyre oberhalb eines künstlichen Stausees im Eichenwald.

Oviedo zum sorgsam behüteten Besitz. Dem Leben dieses Mannes, der nicht zu bewegen war, sich dem Märtyrertum zu entziehen, kommt besondere Bedeutung zu als Dokumentation der geistigen Verbindung zwischen Jakobsweg und dem muslimischen Süden. Es gibt einen Brief vom 15. November des Jahres 851, in dem Eulogius aus dem Kerker in Córdoba einen befreundeten Bischof in Pamplona an die Tage erinnert, die er in intensiven Gesprächen mit tiefgläubigen Menschen im Kloster von Leyre zwischen Jaca und Pamplona verbracht hatte – in einer der geschichtsträchtigen Situationen am Jakobsweg, wo 924 während eines Kriegszugs des Kalifen Abd ar-Rahman III., in dessen Verlauf Pamplona zerstört wurde, König und Bischof nach Leyre geflüchtet waren.

Auch später fanden bedrängte Könige des hart umkämpften Navarra hier ihre Zuflucht. Und hier, in der Bibliothek der Mönche, hatte Eulogius das Leben des Propheten Mohammed studiert und sich mit den Lehren des Koran auseinandergesetzt, bevor er in den Süden ging, um dort sein Wissen in die Praxis umzusetzen. Wenn ihm blinder Fanatismus vorgeworfen wurde, dann mag das Wort „Fanatismus" stimmen, aber blind war er keinesfalls. Am Jakobsweg saßen nicht unwissende naive Narren, hier wurde vielerorts versucht, das Rüstzeug für den großen geistigen Kampf zu erarbeiten und weiterzugeben – die Voraussetzung für den Kampf mit dem Schwert.

DER WEG
DES WEGES

Römerbrücke über den Rio Guadiana in Méria.

AUFSCHWUNG UND NIEDERGANG

Der Jakobsweg verdankte seinen phänomenalen Aufschwung nicht nur der tiefen Frömmigkeit des mittelalterlichen Menschen, nicht nur der Reformfreudigkeit und missionarischen Bereitschaft einer Vielzahl von Ordensleuten, die diese Menschen in immer größeren Scharen nach Santiago zu ziehen vermochten. Nicht nur dem politischen Geschehen auf der ganzen Iberischen Halbinsel, nicht nur der glücklichen Verquickung von Heiligkeit, der man entgegenpilgerte, und Kampfbereitschaft, von der man sich anführen und anfeuern ließ. Dazu bedurfte es auch anderer, scheinbar banaler Dinge wie des ständigen Ausbaus und der Erneuerung der Pilgerwege, der Brücken, Hospize, Wegkreuze und Kapellen; der wachsenden Zahl von Herbergen und Gasthöfen, Läden und Werkstätten für all die Dinge, die auch der anspruchsloseste Mensch auf einer so langen und mühseligen Reise braucht.

Santo Domingo, der Held des „Hühnerwunders" aus dem nach ihm benannten Ort Santo Domingo de la Calzada, ist nur einer, wenn auch der berühmteste dieser Straßen- und Brückenbauer, und auch der Pilgerführer zitiert nur wenige Namen aus der Unzahl unbekannter freiwilliger Helfer, deren viele ihr ganzes Leben dem Camino gewidmet haben.

Zu diesem Aufschwung trugen auch die „salvitates" das Ihre bei, neue Siedlungen, die zum Schutz und zur Betreuung von Pilgern, Kaufleuten und Reisenden aller Art aus dem Boden gestampft wurden – und sicher waren auch die bewundernswerten Klöster und Kirchen, die über den Gräbern und Reliquien der Heiligen in immer größerer Zahl erbaut, erweitert, verändert, verschönert, nach Bränden und anderen Katastrophen wieder erneuert wurden, ein Anreiz zur Pilgerschaft.

Unter den Pilgern finden sich auch recht illustre Personen und werden immer wieder mit Titel und Jahr ihrer Wallfahrt genannt, auch wenn ihre Namen nicht allen von uns etwas bedeuten: die Witwe eines deutschen Kaisers und ein Herzog von Aquitanien, Ludwig VII. von Frankreich oder Herzog Johann von Kleve mit seiner Schwester Anna. Aber auch Berühmtheiten, deren Namen noch heute ihren Klang haben, wie der flämische Maler Jan van Eyck, Ramón Llull oder die „Katholischen Könige", die 1488, inmitten der letzten Kämpfe um das christliche Spanien nach Santiago pilgerten. Oder eine Berühmtheit von ganz anderer Art: Franz von Assisi, der die erst vor wenigen Jahren (1211) eingeweihte Kathedrale von Compostela schauen durfte und als Gastgeschenk eine bezaubernde Legende zurückließ. Er wohnte bei einem armen Köhler und hatte eines Nachts eine Vision: Gott gab ihm den Auftrag, in Compostela ein Kloster zu errichten, damit sein Orden immer größer und schöner werde. Am nächsten Morgen gab Franziskus Gottes Auftrag weiter und sagte zu seinem Gastgeber, er möge hier ein Kloster bauen. Der entgegnete nur: „Wie soll ich das tun? Ich bin doch bettelarm." Aber der heilige Franz wusste eine Antwort: „Geh' zu dem Brunnen dort, dann findest du einen Schatz." Und der Köhler ging hin – und so soll das Kloster der Franziskaner in Compostela finanziert worden sein.

Das Franziskanerkloster von Santiago de Compostela.

Aber die Masse der Pilger waren naturgemäß gewöhnliche Leute, und das waren nicht immer die, die sich am besten benahmen. Noch dazu unter diesen außergewöhnlichen Umständen, fern vom gewohnten Daheim, unter fremden, anders gearteten Menschen, die oft unverständliche Sprachen redeten, Hunderte, Tausende auf einem Haufen, die unter ungewohnten Strapazen, Krankheiten, Schmerzen litten und aufeinander Rücksicht nehmen sollten, und das oft für mehrere Monate lang. Im Juni 1207 erteilte Papst Innozenz III. die briefliche Erlaubnis, nach den letzten Zwischenfällen die Kathedrale von Compostela mit Asche, Wein und Weihwasser zu reinigen; und das war bitter notwendig, denn

Grab eines Santiago-Ritters in der Kirche San Salvador, Vilar de Donas.

wieder einmal hatte es blutige Auseinandersetzungen um die Frage gegeben, wer zu welcher Stunde und wie lange zum Gebet in dem hoffnungslos überfüllten Kirchenraum verbleiben durfte.

Konflikte verschiedenster Art gab es auch anderswo auf dem Camino. Nicht alle Pilger, die nach Santiago kamen, kehrten wieder in ihre Heimat zurück, denn große Gebiete waren durch Kämpfe und Verwüstungen menschenleer geworden und mussten neu besiedelt werden. Und wer sich zum Hierbleiben entschloss, hatte allerlei Privilegien zu erwarten. So wurden aus den lockeren Ansammlungen von Gasthöfen und Läden und Privathäusern entlang der Pilgerstraße allmählich kleinere und größere Orte und Städte, und nicht nur die Bauern und Hirten verwandelten sich in Wirte, Handwerker und Geschäftsleute, die sich den Verkehr auf der Pilgerstraße, die Märkte und Ferias zunutze machten und den Handel bis zu den Häfen am Katalanischen Meer ausdehnten. Und es war ganz natürlich, dass es immer wieder zwischen den Siedlern, den neuen und alteingesessenen, Konflikte gab, wenn die einen aus Ungarn und die anderen aus Frankreich, Deutschland, Skandinavien oder Italien kamen, wenn Spanier und Juden und Mudejaren aufeinanderstießen. Da half es nicht einmal immer, dass sich die verschiedenen nationalen Gruppen in verschiedenen Vierteln ansiedelten, oft sogar durch Zäune und Mauern voneinander getrennt.

Im 15. Jahrhundert – die romanischen Kirchen waren längst von denen der Gotik abgelöst worden und die arabischen Eroberer bereits in den äußersten Süden zurückgedrängt – kam ein neuer Pilgertypus auf den Jakobsweg: der Ritter, der sich aufmacht, um die Welt zu erkunden, um an fremden Fürstenhöfen seine Turniere zu absolvieren und den Damen seine Reverenz zu erweisen. Und die Pilgerfahrt sozusagen im Vorbeigehen mitzunehmen. Auch von einer besonders großen Anzahl von Pilgern aus dem deutschen Norden, die per Schiff direkt nach Santiago kamen, wird aus diesem Jahrhundert berichtet.

Dann aber wurde der Aufschwung, der die Entwicklung des Pilgerwesens auf dem Camino bisher gekennzeichnet hatte, jäh abgebremst, und schuld daran waren Humanismus, Reformation und Religionskriege. Die Protestanten, denen die Aura des Wunderbaren eher verdächtig war, kritisierten den Legenden- und Reliquienglauben der Pilger und hielten sich an Martin Luthers Rat, lieber daheim zu bleiben, als einen so mühsamen Marsch auf sich zu nehmen.

„Wie er in Hispaniam kommen ist gen Compostel da die groß walfahrt hin ist, da haben wir nu nichts gewiß von dem: etlich sagen, er lig in Frankreich zu Thalosa, aber sy seind jrer sach auch nit gewiß. Darumb laß man sy ligen und lauff nit dahin, dann man waißt nit ob sant Jakob oder ain todter hund oder ein todts roß da liegt…"

Martin Luther

Coquillards, „Muschelbrüder", nannte man jene Pilger, die nicht mit ehrlichen Absichten auf dem Jakobsweg unterwegs waren. Stich von Jacques Callot.

Das Ergebnis war ein bedeutender Verlust an Pilgern, zumal auch die Humanisten in ihrer wachsenden Abkehr vom jenseitsorientierten Denken des Mittelalters eine ähnliche Haltung einnahmen. Ja selbst in den eigenen Reihen war schon seit Langem immer wieder vor Einseitigkeiten und Übertreibungen gewarnt und die kritische Frage gestellt worden, wie weit der entseelte Körper eines noch so ehrwürdigen Heiligen mit der lebendigen Gegenwart Christi in der Eucharistie überhaupt konkurrieren könne. Auch Nikolaus von Cues (1401–1464) war der Überzeugung, dass Wallfahren den Geist zerstreue und verderbe, und Thomas von Kempen schrieb in seiner berühmten „Nachfolge Christi" kurz und bündig: „Wer viel pilgert, wird selten heilig."

Dazu kam, dass jetzt immer mehr Gesindel, dass Räuber, Diebe und Landstreicher sich die altehrwürdige Pilgertracht als Tarnung überzogen und so den ganzen Pilgerstand in Misskredit brachten. Einen armen Pilger zu Tisch zu bitten, war jetzt ein Risiko, und nicht nur Philipp II. und Ludwig XIV. mussten Gesetze erlassen, um die Bürger vor den „Coquillards", wie sie verächtlich genannt wurden, zu schützen. In Bern durfte kein Pilger mehr innerhalb der Mauern übernachten, und sogar in Santiago wurden Verdächtige, die länger als drei Tage blieben, an den Pranger gestellt. Und nicht zuletzt brachten die vielen Strafgefangenen, die als Buße für ihre Vergehen eine Wallfahrt nach Santiago aufgebrummt bekamen – Versuche einer Resozialisierung, wie sie auch unserer Zeit nicht schlecht anstünden –, das Wallfahren immer mehr in Verruf.

ALTES PILGERLIED

Zurückgekehrt sind die Pilger
Aus Santiago
Und finden vor nichts als Kummer.
Hugenotten und Katholiken
Töten einander,
Und die Häretiker laufen umher.
Sie haben alles zerstört.
Sie haben die Mönche
Aus ihren Klöstern vertrieben,
Saint-Austremoineys,
Und die Kapuziner.
Sie haben die Töchter von Saint-Blaise
Auf die Straße geworfen.
Nur Mutter Äbtissin kommt
Mit einem Ave
zu unserem Trost.

Mit der Gegenreformation im 16. und 17. Jahrhundert wuchs das Interesse am Jakobsweg aufs Neue. Die Menschen aus dem von Glaubenskriegen zerrissenen Europa suchten wieder Halt bei dem unerschütterlichen Heiligen von Compostela, und das Wallfahren kam wieder zu Ehren. 1562 betonte das Konzil von Trient Rechtmäßigkeit und Bedeutung des Heiligen- und Reliquienkults, und Kirchen und Hospize füllten sich wieder. Aufschwünge, die allerdings immer wieder unterbrochen wurden durch Kriege oder die Französische Revolution, die nicht nur Schlösser leerte, Altäre zerstörte und Heiligenstatuen die Köpfe abschlug, sondern auch dem Pilgerwesen sehr geschadet hat. Grotesk gerade in diesem Zusammenhang, dass ausgerechnet die erbittertsten Feinde des römischen Christentums, die 1793 die Schreckensherrschaft Robespierres organisierten, sich nach ihrem Pariser Tagungsort, dem Dominikanerkloster Saint Jacques, Jakobiner nannten.

Im 19. Jahrhundert, dem der Säkularisierung und Verarmung der Kirche, des Kulturkampfes und der „modernen" Bibelkritik, gab es dann doch nur noch vereinzelte Pilger oder Pilgergruppen, die die Mühen einer solchen monatelangen Wallfahrt auf sich nahmen. Eine merkwürdige Entsprechung vielleicht zu der in den letzten Jahrhunderten allmählich schwindenden Beachtung des eigentlichen Zentrums dieses Pilgerziels, der Reliquie des heiligen Jakob selbst. Bei aller Großartigkeit ihres architektonischen Rahmens: Schon Philipp II. hatte, wie Bottineau vermerkt, bei seinem Besuch Santiagos 1554 darauf verzichtet, in die Krypta unter der „Capilla mayor" hinunterzusteigen, und 1589, ein Jahr nach dem Untergang der spanischen Armada, wurden die Reliquien aus Angst vor einer englischen Invasion unter Sir Francis Drake versteckt. Dann soll die Stelle des Grabes überhaupt vergessen worden sein. Erst Ende des 19. Jahrhunderts gab Kardinal Payá y Rico den Auftrag, die berühmten Überreste wiederzufinden, was im Jahre 1879 auch gelang – worauf Papst Leo XIII. sie nach langen Untersuchungen in der Bulle vom 1. November 1844 für echt erklären ließ.

Dass es Zweifel gibt, ob das wirklich die echten Reliquien sind, die in dem Schrein unterhalb der mit viel Silber und Edelsteinen geschmückten romanischen Apostelskulptur ruhen, liegt in der Natur der Sache. Dennoch haben diese Ereignisse sicher dazu beigetragen, dass der Jakobs-

1987 wurden die Jakobswege zur europäischen Kulturroute erhoben – der Ausbau des Wegenetzes wird von der EU gefördert.

weg einen neuen Aufschwung erlebte, der bis heute anhält. Und das nicht nur, weil der Heilige seit Franco eine staatlich geförderte Wiederbelebung erfahren durfte, und nicht nur, weil der Jakobskult seither wieder etwas von seiner „einstigen europäischen Dimension" zurückgewonnen hat – 1987 wurden die Jakobswege vom Europarat zur europäischen Kulturroute erhoben, die Europäische Gemeinschaft unterstützt die Förderung des Pilgerweges. Und nicht nur, weil touristisches Management und nostalgische Rückschau in ein immer noch viel geschmähtes und wenig verstandenes Mittelalter, weil eine neue Begeisterung für romanische Kunst und das Verlangen nach mehr als einem Leben im gewohnten Alltag Urlaubspläne und Aussteigerprogramme bestimmen.

KIRCHEN AM WEG

Die mozarabische Kirche von San Miguel de Escalada.

Die 1063 geweihte Kathedrale von Jaca ist die älteste romanische Kathedrale Spaniens. Rechts: Die Kathedrale von León: ein Meisterwerk spanisch-französischer Gotik.

Der Jakobsweg ist nicht nur ein religiöses Phänomen ersten Ranges, das den mystischen Glauben des christlichen Spaniens, ganz Spaniens, an die Hilfe des Apostels aus Compostela unlösbar mit dem Kampf gegen die arabischen Besatzer zu vereinigen wusste. Der Jakobsweg ist nicht nur zusätzlich ein wirtschaftliches Phänomen, das dank einer jahrhundertelangen Organisierung von Pilgermassen und deren Bedürfnissen allmählich eine „Infrastruktur" samt relativem Wohlstand für die ganze Region bis hinauf zur Biskaya schuf. Zu dieser Infrastruktur gehörten als wesentliches Element auch all die Heiligtümer entlang des Camino, in denen die hochverehrten Reliquien ihren Platz gefunden hatten, Kirchen, Kapellen, Klöster, wo die Pilger Ruhe und Einkehr und Belehrung fanden, im Gebet, im gepredigten Wort, in der bildlichen Darstellung biblischer Ereignisse. Um sie kurz zu beschreiben, könnte man sich im Großen und Ganzen an das im europäischen Raum gebräuchliche Stilschema Romantik – Gotik – Renaissance – Barock halten.

Aber wie in Italien und Südfrankreich die Traditionen der Antike, des Frühchristentums, auch von Byzanz, zur Entwicklung der Romanik, „des ersten monumentalen Baustils des christlichen Abendlandes" in der Nachfolge der karolingischen Reichskunst gehörten, so machte vielfach erst der arabische Einfluss, der sich den lokalen Traditionen anpasste, die Eigenständigkeit der nordspa-

Romanische Grundform mit mudéjaren-Ziegelornamenten: San Tirso in Sahagún.

nischen Kunst aus. Einer Kunst, die hier direkt im Dienst der Pilgerbewegung am Jakobsweg stand. So finden wir den Mihrab als Altarnische christlicher Kirchen ebenso wieder wie den Hufeisen- oder Zackenbogen, der für die maurische Kunst so charakteristisch zu sein scheint, dass er manche christliche Kirche einer Moschee ähneln lässt. Obwohl er keineswegs eine maurische „Erfindung", sondern eher römisch-byzantinischen Ursprungs ist und schon in westgotischen Kirchen des 7. Jahrhunderts Verwendung fand. Beispiele dieser „mozarabischen" Kunst – des Stils der in den besetzten Gebieten lebenden Christen, der besonders in der Ornamentik wirksam wurde – sind von Cirauqui in Navarra über San Millán de la Cogolla in der Rioja bis Santiago de Peñalba bei Ponferrada zu finden.

Eines der schönsten Beispiele ist das Kloster San Miguel de Escalada, und von dessen Geschichte wissen wir einiges aus einer inzwischen verloren gegangenen Inschrift. Es war die Zeit des Königs von León, García I. (910–914), als ein Abt Alfonso in dem gerade von den Arabern zurückeroberten Landstrich auf die Ruine einer seit eh und je Sankt Michael geweihten Kirche stieß. Er scheint mit einigen seiner dem christlichen Glauben treu gebliebenen Brüder aus Córdoba gekommen zu sein, und da die junge Klostergemeinschaft, die sich hier niederließ, so rasch wuchs und so eifrig dabei war, aus der Ruine eine prächtige Kirche zu machen – im mozarabischen Stil versteht sich –, konnte diese schon nach einem Jahr Bauzeit geweiht werden. Noch heute sieht man, dass die maurischen Elemente zum Eindrucksvollsten dieses Gebäudes gehören.

Nach diesem relativ kurzen Vorspiel entstand Anfang des 11. Jahrhunderts im ganzen Abendland eine große Zahl „frühromanischer" Bauten, und dank der sich immer weiter ausbreitenden Handelswege und Pilgerstraßen, dank der intensiven Kulturarbeit der Mönchsorden wurde nach langem Experimentieren die „Romanik" geboren, mit all ihren stilistischen Gemeinsamkeiten in Architektur und Plastik, Glas- und Buchmalerei, mit all ihrer Vielfalt. Und wie noch zur Zeit der Besetzung französische Hilfstruppen gegen die Muslime angetreten waren, so strömen jetzt im Verlauf eines intensiven Kulturaustausches Architekten und Handwerker aus Südfrankreich oder der Lombardei in die befreiten Gebiete. Wo es noch heute ein Problem für die Fachleute ist, wie sich die Einflüsse und Anlehnungen etwa der Kirchen des Languedoc und der Kathedrale von Jaca, wie sich die Beziehungen zwischen dem Poitou und Leyre, Estella oder San Pedro in Arlanza bei Burgos darstellen.

Auch was die Bauplastik betrifft, diese herrliche Vervollkommnung der schweigenden Kirchen, die als Kampf zwischen Gut und Böse, als Weltgericht, Auferstehung und Pfingstwunder Pforten und Kapitelle mit Heiligen, Sündern und Ungeheuern schmückt, ist es keineswegs leicht, dem oder jenem Land, der oder jener Region einen Vorrang zuzuschreiben. Die direkten Beziehungen sind evident wie die speziellen Charakteristika der spanischen Kunst, auf die sich ebenso anwenden lässt, was Marcel Pobé angesichts der Westfassade von Saint-Gilles sagt: „Noch aus den Trümmern der Romanik fließt eine so gewaltige Fülle inneren Lebens, übernatürlicher Gewissheit, göttlicher Verheißung, dass sie unserem Leben eine neue Richtung geben müsste. Aber wir verstehen die Sprache des Himmels nicht mehr. Oder noch nicht wieder."

Parallel zu dieser Entwicklung werden für das christliche Bauen am Jakobsweg auch die Beiträge aus dem Süden immer sichtbarer, je erfolgreicher die Reconquista die Araber aus der Halbinsel zurückdrängt. Immer mehr Mauren blieben in den nun wieder christlich gewordenen Landstrichen zurück, „Morisken" oder „Mudejaren" (arabisch mudayyan, „ei-

Mozarabisches Schmuckelement: Doppel-Hufeisenportal in Peñalba de Santiago.
Unten: Chrismon im Tympanon der Kathedrale von Jaca.

Von zierlichen Säulen gestützte mozarabische Hufeisenbögen in San Miguel de Escalada.

ner, der wohnen bleibt"). Sie blieben dem Islam treu oder ließen sich taufen, je nachdem, wie schwer sie die relative Diskriminierung durch die Christen eben ertrugen. (Die Situation war ähnlich wie die der Christen unter den Omajjaden.) Und die Künstler und Handwerker unter ihnen entwickelten – zur gleichen Zeit, als in Frankreich die ersten frühgotischen Formen auftauchten – den sogenannten „Mudejarstil", der bis ins 16. Jahrhundert, bis zur Vertreibung der „moriscos" aus Spanien, mit seiner dekorativen Verarbeitung von Backstein und Stuck, Gold und Email, die Baukunst und den Alltag bereicherte. Und wie wir ihm auf dem Jakobsweg etwa bei Torres del Río östlich von Logroño oder in den Kirchen von Sahagún heute noch begegnen.

Zu den bemerkenswertesten Erscheinungen auf dem Jakobsweg – wobei wir in diesem Fall die Route von Compostela über ihre äußersten Verästelungen bis Arles, Vézelay oder Paris meinen – gehören die überraschenden Ähnlichkeiten eines bestimmten romanischen Kirchentyps, die schon in ihren Grundrissen leicht zu erkennen sind. Wobei es natürlich für die Spezialisten von besonderem Interesse ist, ob dieser Typus der „Pilgerkirchen" nach einem gigantischen systematischen Plan geschaffen wurde und deshalb innerhalb so kurzer Zeit entstehen konnte, oder ob es dank des intensiven kulturellen Austausches einfach „dazu gekommen" ist. Und wo der Ursprung lag, das Muster, nach dem sich die anderen richteten. Ob es mit Saint-Martin in Tours begann, oder mit Sainte-Foy in Conques oder mit dem „Archetypus" aller Pilgerkirchen, der Kathedrale von Santiago. Tatsache ist, dass Größe und Wucht dieser frühen architektonischen Ereignisse des christlichen Abendlandes neben dem Verlangen, nun mit dem neu entwickelten Formenrepertoire Gott die Ehre zu erweisen, auch eine ganz bestimmte programatische Funktion zu erfüllen hatten.

Die Masse der Pilgernden, die zu gewissen Zeiten schon die endlosen Straßen verstopften, wie so mancher Pilgerführer beklagt, brauchte an bestimmten Punkten – so dort, wo die wichtigsten Heiligen zum längeren Verbleiben einluden – Platz, viel Platz. Darum die riesigen Dimensionen der neuen Kirchen, die Vergrößerung, Verbreiterung, Vermehrung der Kirchenschiffe; darum die Querschiffe, darum der halbrunde Umgang um den Chor, von dem ein ganzer Kranz von Kapellen ausging. Dank der beträchtlichen Höhe über den Seitenschiffen auch ein zweites Geschoss, in dem weitere Pilger Platz fanden, von wo aus sie das liturgische Geschehen mitfeiern, wo sie lagern, ausruhen, ja übernachten konnten, wenn in den Hospizen und Herbergen und Gasthöfen kein Platz mehr war. Und mit all den Aufgaben hatten sich diese sakralen Gebäude letzten Endes und im höchsten christlichen Sinn in den Dienst des Jakobsweges gestellt: Millionen Menschen diesen ihren über Tausende Kilometer und oft über viele Monate währenden Gottesdienst zu ermöglichen. Ein Dienst, für den der Nachfolgestil der Romanik kaum weniger geeignet war, zumal neben der Entwicklung neuer Techniken und einer neuen Generation von Bauleuten noch eine bis zur Mystik hinführende Vertiefung des christlichen Glaubens dazukam.

Die Sakralbauten wurden leichter und heller, der göttliche Charakter des Lichts wurde zum ersten Mal im Chorhaupt der Kathedrale von Saint-Denis sichtbar. Spanien, seit dem Auftreten der romanischen Kunst immer mit den französischen Zentren in Verbindung, hatte keine Schwierigkeiten, sich das Neue anzueignen, da tauchen dank der bedeutsamen kulturellen Rolle der Zisterzienser erstmals burgundische Stilelemente auf, so in den katalanischen Klöstern Poblet und Santes Creus – und auch in der Basilika San Vincete von Ávila finden sich romanische Würde mit dem Höhendrang der frühen Gotik in voller Harmonie zusammen. Auf dem Jakobsweg aber erheben sich mit den Kathedralen von León und Burgos die ersten in nordfranzösischer Gotik erbauten Kirchen, und nach dem Vorbild der letzteren wird die fünfschiffige Kathedrale von Toledo begonnen. Großer Triumph christlich-abendländischer Baukunst, anderthalb Jahrhunderte nach dem ersten großen Sieg der Waffen, der Wiedereroberung der Hauptstadt und des geistigen Zentrums des Westgotenreiches.

An Toledos Kathedrale wurde seit dem Jahr 1226 zehn Generationen lang gebaut, und man findet in dieser „spanischsten der kastilischen" Kirchen so ziemlich alles an Stilen, was es in dieser Zeit gab: Hochgotik, Renaissance bis Barock, dazu als original spanische Beiträge die Kunst der Mudejaren und das Plateresk, diesen oft überquellend reichen Dekorationsstil der Frührenaissance.

Grabmal eines Bischofs, Kathedrale von León.

VIELE WEGE UND EIN WEG

UNTERWEGS ZUM GROSSEN ZIEL

Vier Linien gibt es, die sich in die Landkarten Frankreichs als Pilgerrouten eingezeichnet haben, und sie alle münden jenseits der Pyrenäen in einen, der durch das heiß umkämpfte Nordspanien, durch Aragón und Navarra, durch Kastilien und León bis zum ersehnten Ziel Santiago verlief. Was nicht heißen soll, dass es neben ihnen nicht auch noch eine Vielzahl von Seitenwegen und Abkürzungen gab, und dazu noch ganz andere, bedeutende Routen. Zu groß war die Vielfalt der Pilger und der Länder, aus denen sie kamen. Wenn sie aus England kamen oder dem Baltikum, dann fuhren sie über das Meer und landeten in Padrón, Noya oder La Coruña – oder schon in Frankreich, in Bordeaux oder Blaye an der Gironde und hatten dann noch die eindrucksvollsten Wege vor sich. Auch die Pilger, die ihre Wallfahrten nach Rom und Jerusalem mit dem Besuch Santiagos abschließen wollten, benutzten zum Teil die gängigen Schiffrouten. Wer aus den Mittelmeerländern kam, ging oft in Barcelona an Land und begann seinen Weg mit einem Besuch des Heiligtums der Schwarzen Madonna von Montserrat, wanderte über Santes Creus und Poblet nach Zaragoza und Logroño, von wo es auf dem „Camino francés" weiterging. Und die Pilger aus dem islamisch besetzten Gebiet zogen über die „Silberstraße", eine schon von den Römern angelegte Heerstraße, die im 13. Jahrhundert in den Besitz der Christen überging und über die Extremadura nach Salamanca und Zamora führte. Von dort ging es für die einen über Verín und Orense direkt nach Santiago, andere trafen schon bei Astorga auf den Jakobsweg. Die Pilger aus Portugal, das sich schon 1385 die Unabhängigkeit erkämpft hatte, stießen in Salamanca auf ihre Mitbrüder.

Am meisten benutzt wurden natürlich die erwähnten Hauptwege, die oft den gut gepflasterten und für den Fuhrwerksverkehr geeigneten Heeres- und Wirtschaftsstraßen der Römer folgten. Sie wurden immer wieder renoviert, aber auch von den lokalen Herrschern durch neue Wege ergänzt, die oft ungepflastert für Reiter und Fußgänger bequemer waren, und auch kürzer, da sie ohne Umwege übers Gebirge führten.

Wie es das große Ziel war, den heiligen Jakob in Santiago persönlich zu besuchen, so gehörte es zu jeder Pilgerreise, an all den heiligen Stätten unterwegs Halt zu machen, dort zu rasten und zu beten. Und deren gab es so viele, dass man hier aus Platzmangel nur die wichtigsten erwähnen kann – oder die, auf die verschiedene Reiseberichte aus verschiedenen Jahrhunderten hinweisen (Nompart de Caumont, Herman Künig von Vach, Samuel Purchas und natürlich das „Jakobsbuch") – oder jene, die den Autor vielleicht am stärksten beeindruckt haben.

Der Weg ist so weit wie der Himmel hoch: der Camino bei Tähara.

VIA TOLOSANA

Die südlichste französische Route führt über Toulouse, daher ihr Name. Sie beginnt in Arles, und hier sammeln sich die Pilger aus Italien oder dem Osten, und schon hier wird der Besuch der Reliquie eines wichtigen Mannes empfohlen, bei dessen Namensnennung die erste unmittelbare Nähe zur Verkündigung zu spüren war. Trophimus wurde von Paulus zum Bischof geweiht und nach Arles geschickt, um dort erstmals das Evangelium zu verkünden, und von ihm heißt es im 2. Brief an Timotheus ganz persönlich: „Trophimus musste ich krank in Milet zurücklassen." Mit der Kathedrale Saint-Trophime, die im Jahr der Überführung der Reliquien des Heiligen 1152 auch geweiht wurde und deren gotisches Portal 700 Jahre später Van Gogh als „nachgerade bewundernswürdig" und „ungeheuerlich" bezeichnete, durften die frommen Pilger die schönste romanische Kirche bewundern. Und ihr Juwel, der berühmte Kreuzgang mit dem Reichtum seines plastischen Bilderschmucks, muss auf diese Menschen einen überwältigenden Eindruck gemacht haben.

Hier in Arles kann man neben anderen auch die Reliquie des Märtyrers Genesius besuchen, der ein äußerst bizarres Schicksal hinter sich hat: Er wurde in der Nähe der Stadt am Ufer der Rhône von der „treulosen" Bevölkerung an eine Marmorsäule gebunden und enthauptet. Bis heute, so sagt der Pilgerführer aus dem 12. Jahrhundert, seien noch die Blutspuren zu sehen. Sein Leichnam wurde, man weiß nicht wie, von der Rhône bis zur Basilika des heiligen Honoratus fortgetragen und dort begraben. Zuvor soll er noch sein eigenes abgeschlagenes Haupt in die Hände genommen haben und in den Fluss geworfen haben, der es bis zum Meer hinuntertrug. Und ein Engel trug es weiter bis zur spanischen Stadt Cartagena.

Nach diesem Eintritt in die Welt des Pilgerweges konnte man noch einen Ausflug nach dem Süden, nach Les Saintes-Maries-de-la-Mer machen und die eindrucksvolle Wehrkirche bewundern, die

Hauptportal der Abteikirche von Saint-Gilles-du-Gard.

Der beeindruckende Kreuzgang der Kathedrale Saint-Trophime in Arles.

aus dem niedrigen Häusergewirr empor-, hinaustaucht ins Meer wie ein mächtiges Schiff mit hochgezogenem Bug. Und wer an das glaubte, was auch heute noch in Prospekten und Büchern heilig genannt wird, der wird wohl auch schon vor Jahrhunderten vor der im geheimnisvollen Dunkel stehenden dunklen Statue der ägyptischen Dienerin Sara gekniet sein, um deren Fürbitte zu erflehen.

Dann ging es, zumeist in Gruppen zu Hunderten oder zu Tausend, schon wegen der Sicherheit oder der brüderlichen Hilfe, wenn einer in Not war, weiter nach Westen – nächste Station Saint-Gilles-du-Gard.

Aegidius kommt von e, das heißt ohne, und von geos, das heißt Erde, und von dyan, das heißt leuchtend oder göttlich. Denn er war ohne Erde, da er das Irdische verschmähte. Er war leuchtend vor Weisheit und er war göttlich durch die Liebe, die den Liebenden dem Geliebten gleichmacht.

Aus: „Legenda aurea"
von Jacobus de Voragine

Aegidius (Gilles) war ein großer Heiliger, der um die Mitte des 7. Jahrhunderts in Athen zur Welt kam. Klostergründer in der Provence und Abt, zwischen 720 und 726 verstorben, wurde er in der zweiten Hälfte des 12. Jahrhunderts in der ihm geweihten Abteikirche bestattet. Im 16. Jahrhundert von bilderstürmenden Protestanten samt Kloster in Brand gesteckt, ist das Kirchenschiff heute ein Neubau aus dem 17. Jahrhundert – aber das „Wunder von Saint-Gilles", die dreitorige Westfassade, deren Steine in der Nachmittagssonne wie magisch aufzuglühen beginnen, mag als Symbol für die Größe dieses Heiligen und seine Verehrung gelten. Kaum einer nach dem Propheten und Apostel, der Hilfe gewähren konnte wie er, ob man von einer Schlange gebissen wurde oder vom Teufel besessen war – und als ihm der Papst in Rom zur Gründung seiner Abtei zwei kostbar geschmückte Holztüren schenkte, warf er sie einfach in den Tiber, und sie schwammen den Fluss hinunter und über das Meer bis zur Küste an der Mündung der Rhône.

Kein Wunder, dass ein so machtvoller Heiliger, der sogar Tote ins Leben zurückholen konnte, die begehrlichen Blicke verschiedenster Interessenten auf sich zog. Und wenn man sich seiner schon nicht bemächtigen konnte, dann streute man wenigstens die Behauptung aus, selbst der wahre Besitzer des heiligen Leichnams zu sein, wie das die Mönche des ungarischen Klosters Sirmich taten oder auch die von Chamalières-sur-Loire. In Saint-Seine begnügte man sich wenigstens nur mit dem Kopf. Dass sie alle sich damit dem Verdacht des Diebstahls aussetzen wollten, ist eher unwahrscheinlich. Schließlich war längst bekannt und wurde oft genug bestätigt, dass die Reliquien vier berühmter Heiliger, des heiligen Jakob, des heiligen Martin von Tours, des heiligen Leonhard von Limoges und des heiligen Aegidius aus Saint-Gilles, nie und nimmer aus ihren Sarkophagen hatten entfernt werden können. Sogar König Philipp I. (1060–1108) soll versucht haben, alle vier in die Île-de-France zu bringen – vergeblich.

Über Montpellier geht es nach Toulouse durch eine dichtgewachsene Gebirgsgegend, wo sich inmitten karstiger Hügel ein Kloster und eine außerordentlich schöne romanische Kirche verbergen,

Eingebettet in weite Felder – die romanische Kapelle Santa Maria de Eunate.

letztere um 1076 geweiht. Saint-Guilhem-le-Désert ist der seltsame Name, und hier ist Guilhem oder Guillaume (Wilhelm), Graf von Toulouse und Heerführer Karls des Großen zu verehren, der im „Chanson de Guillaume" (Wilhelmslied, 1130–1149) literarische Unsterblichkeit erlangt hat. Die letzten acht Jahre seines Lebens verbrachte er als Mönch des von ihm 804 gegründeten Klosters, und er wurde seit seiner Heiligsprechung im 12. Jahrhundert von den Jakobspilgern hoch verehrt. Die Kirche ist bis heute erhalten, Säulen und Kapitelle des zerstörten Kreuzganges wurden in die USA verkauft und sind in New York, im Metropolitan Museum of Art, The Cloisters, zu sehen.

In Toulouse, einem schon damals bedeutenden Ort, Hauptstadt des Königreiches der Westgoten, später Mittelpunkt von Aquitanien, hatten Pilger gleich mehrere Heiligtümer zu besuchen. So die Kathedrale Saint-Etienne, einen gotischen Bau, an dem vom 11.–17. Jahrhundert gewerkt wurde, so die Jakobskirche, ein Meisterwerk aus dem 13. Jahrhundert, in dem seit 1974 die Gebeine des heiligen Thomas von Aquin ruhen – und vor allem Saint-Sernin, ein Backsteinbau für den ersten Bischof und Patron von Toulouse, der um 250 hier das Martyrium erlitt. Sernin (Saturnius), der damals gegen die Anhänger des Mithraskults gepredigt hatte, wurde dafür von der aufgebrachten Menge an wilde Stiere gebunden und zu Tode geschleift. Die Basilika Saint-Sernin ist mit ihren fünf Schiffen und neun Kapellen am Chor eine der vollendetsten Pilgerkirchen auf diesem Weg und im Grundriss der von Santiago sehr ähnlich. Auch die berühmte Porte Miégeville am südlichen Seitenschiff, deren Skulpturenschmuck die Himmelfahrt Christi darstellt, erinnert stark an die Puerta de las Platerías in der Grabkirche des heiligen Jakob.

Manche Pilger waren schon bei Montpellier nach Süden abgebogen, um dem Gebirge auszuweichen, über Narbonne und Carcassonne oder nach Katalonien über Montserrat und Zaragoza direkt nach Pamplona. Aber die Hauptroute führte über die Pyrenäen, und der letzte Ort ist Oloron, wo die Pilger in einem Hospiz und mehreren Kirchen sich körperlich und seelisch auf den schweren Aufstieg ins Gebirge vorbereiten konnten, der damals noch äußerst gefährlich war. Der heutige Pilger hat eher noch Muße, das romanische Portal von Sainte-Marie zu betrachten und über die Einflüsse der spanisch-maurischen Kunst an der Kuppel von Sainte-Croix nachzudenken, bevor er wieder ins Auto steigt, um zum Pass von Somport nach Spanien hinaufzukurven, wo das berühmte Hospital von Santa Cristina stand. Und auf der spanischen Seite wieder hinunter, in das von Millionen und Abermillionen Pilgern ersehnte, gelobte, seit Jahrhunderten umkämpfte Land, das der Apostel geheiligt hatte durch sein Leben, durch seine Existenz weit über den physischen Tod hinaus. Dann geht es durch die alte Bischofsstadt Jaca, die die 1063 geweihte älteste romanische Kathedrale Spaniens ihr Eigen nennt. Leider ist nicht mehr allzu viel von ihr zu sehen, und auch die Lage des eher unscheinbaren Baues mit seinem düsteren Innern gibt dem Kunstführer recht, der dem Reisenden rät, sich an derlei spanische Eigentümlichkeiten zu gewöhnen. Aber das Tympa-

Kapitell im Kreuzgang von San Juan de la Peña: Josefs Traum.

non in seiner merkwürdigen Symbolik, wahrscheinlich das älteste romanische überhaupt, entschädigt für Vieles. Im Zentrum das Christogramm, flankiert von zwei Löwen, die in der Apokalypse für den Sieg Christi stehen, rechts sein Triumph über Natter und Basilisk, also über den Tod, links wie er den Menschen beschützt, den eine Schlange bedroht – Christus, der uns durch Tod und Auferstehung von unserer Schuld erlöst. Erheblich jünger der Skulpturenschmuck auf den Kapitellen, Gestalten aus dem Alten Testament, darunter ein König David mit seinen Musikanten. Ergreifend im Kreuzgang: das eindrucksvolle romanische Kruzifix.

Im nahe gelegenen Kloster San Juan de la Peña versuchten, ähnlich wie im asturischen Covadonga 724, die künftigen Herren von Aragón einen ersten – vergeblichen – Widerstand gegen die Araber, und hier wurde auch unter dem Einfluss von Cluny 1071 die aus der Spätantike übernommene einheimische Liturgie durch jene aus Rom abgelöst. Das Pantheon der Herrscher von Aragón, 1770 dem Vorbild im Escorial nachempfunden, birgt die Sarkophage der königlichen Familie.

Der Weg hat sich nach Westen gewandt, und der Pilger wird sich daran gewöhnen müssen, auf dem „Sternenweg" nach Santiago ein Juwel nach dem anderen in sich aufzunehmen, staunend, betend, in sich nachvollziehend, was Generationen unbekannter Künstler so eindrucksvoll in Stein gesetzt haben. Hier nur einzelne Beispiele: der überwältigende, archaisch

Die drei Marien auf der linken Portalseite der Kirche Santa María la Real in Sangüesa.

wirkende Raum der Krypta von Leyre, den König Sancho III. der Große von Navarra „Mitte und Herz meines Königreiches" nannte; das Portal der Kirche Santa María la Real in Sangüesa, die beeindruckende steinerne Bilderflut vermutlich eines Leodegarius aus Burgund, dessen Künstlerhand an Chartres erinnert; die schlanken, eleganten drei Marien auf der linken Portalseite, ihnen gegenüber ein ungewöhnliches Thema: der Selbstmord des Judas. Darüber das Jüngste Gericht von einer erschreckenden Statik und dazu die Unzahl schmückender Figuren, Symbole, Ornamente, Fabelwesen, als hätte man die ganze Umgebung abgegrast, damit nicht das kleinste Stück leere Fläche übrig bliebe. Und dann – inmitten sanfter Hügel und weitläufiger Felder wie vom Himmel gefallen die Kapelle Santa María de Eunate. In sattem Braun die Farben der Steine, wie das Getreide knapp vor der Ernte, unregelmäßig

Grablege der Könige von Aragón im Kloster San Juan de la Peña.

der Grundriss des oktogonalen, von Arkaden und Kreuzgang umgebenen Baus. Architektur und Details, alles, so sagen Kunsthistoriker, spricht für die Bauzeit Ende des 12. Jahrhunderts oder auch etwas später. Sie haben gegraben und restauriert, sie haben Gräber nachgewiesen und Pilgermuscheln gefunden und rätseln: Gräber für wen, wenn niemand hier wohnte? Waren hier Johanniter und sollte das eine Grabkirche sein? Oder Templer? Eine Nachbildung des Heiligen Grabes in Jerusalem?

VIA PODENSIS

In Le Puy beginnt der zweite französische Weg, und hier trafen sich Pilger aus Burgund, aus dem nördlichen Deutschland und aus der Schweiz. Die Stadt selbst ist mit ihrer schwarzen Gnadenmadonna in Notre-Dame (12. Jahrhundert) auch ohne Pilgerweg *das* Wallfahrtsziel der Auvergne, dennoch spürt man hier, umgeben von einer bizarren Vulkanlandschaft, bereits etwas von dem, was ein Pilgerführer unserer Zeit den „authentischen Geist des Jakobsweges" genannt hat. Mag sein, dass das Farbenspiel des polychromen Mauerwerks der Kathedrale schon an den Süden, an die Moschee von Córdoba erinnert, mag sein, dass die Kapelle Saint-Michel d'Aiguilhe, die man nur über 268 Stufen mühsam erreichen kann, schon einiges von der Unbedingtheit des Landes verrät, in dem 700 Jahre lang um Gott und um den besten Weg zu ihm gekämpft wurde.

Über die stürmische Hochebene des Massif-Central kamen die Pilger nach dem hochgelegenen Saint-Chély-d'Aubrac, einem Wehr- und Herbergskloster, von dem eindrucksvolle Reste noch heute zu sehen sind. Graf Adalard von Flandern ließ es bauen, nachdem er selbst nach seiner Rückkehr aus Santiago zum Opfer eines Raubüberfalls geworden war, und gründete zum Schutz und zur Pflege kranker Pilger auch noch einen Hospitaliterorden. 500 Menschen konnten hier pro Tag untergebracht werden, und des Nachts oder bei Nebel wurde dauernd eine Glocke geläutet, damit sich niemand verirrte.

So abgelegen das heutige Dorf Conques-en-Rouergue (Aveyron) im damals gleichnamigen Tal liegt, so eindrucksvoll war die mittelalterliche Stadt; und die Kirche der Benediktinerabtei Sainte-Foy, das älteste Beispiel einer „Pilgerkirche", zeugt noch heute davon. Nicht umsonst steht das ganze Dorf unter Denkmalschutz. Überwältigend das 22 Meter hohe Hauptschiff der dreischiffigen Säulenbasilika, sowie das Tympanon mit dem Jüngsten Gericht, das früher einmal farbig eingefasst und vergoldet war. Dazu der Kirchenschatz, der die kostbarsten Gold- und Silberschmiedearbeiten Frankreichs vom 11. bis zum 16. Jahrhundert enthält – und die „Majestät", die heilige Fides (Foy), um deren schon im Jahre 866 gestohlenen Reliquien willen dieses Gotteshaus um 1045 bis 1061 gebaut wurde. Die Jungfrau und Märtyrerin, so erzählt der „Pilgerführer", wurde von ihren Henkern in der Stadt Agen im Westen von Conques enthauptet, und ihre Seele stieg in Gestalt einer Taube zum Himmel und in die Unsterblichkeit. Was an ihr sterblich war, ruht nun angeblich in einem goldenen reich geschmückten Reliquiar, nach Ansicht der Fachleute die 85 cm hohe hölzerne Statue eines Kindes aus dem 5. Jahrhundert, die wahrscheinlich 400 Jahre später über und über mit Gold und Edelsteinen, mit antiken Gemmen und Kameen bedeckt wurde. Die Existenz eines berühmten Textes über die vielen Wunder der heiligen Fides

Le Puy-en-Velay: Saint-Michel d'Aiguihle.

verdanken wir allerdings einer äußerst respektlosen Reaktion des Bernhard von Chartres: Als er das Reliquiar der Märtyrerin zum ersten Mal sah, das war zu Beginn des 11. Jahrhunderts, brach er in schallendes Gelächter aus.

Der Jakobspilger, der dem vorgezeichneten Hauptweg über Figeac und Cahors nach Moissac nachzog, konnte freilich, wenn seine Zeit es zuließ, einen Abstecher in nordwestliche Richtung nach Rocamadour machen, um hier die Reliquien eines unbekannten Eremiten zu verehren. Die Legende hält ihn für einen Diener der heiligen Jungfrau, deren Holzstatue in der Kapelle Notre-Dame aufbewahrt wird. Es könne sich aber auch um den obersten Zollpächter Zachäus handeln, bei dem Jesus zu Gast gewesen war und der mit seiner Frau, der heiligen Veronika, hierher übersiedelt sei und unter dem Namen Amadour (daher Rocamadour, Felsen des Amadour) ein Oratorium gegründet haben soll. Eine Zeit lang während des Mittelalters soll dieser Ort zu den vier wichtigsten Wallfahrtsstätten der Christenheit gehört haben, jetzt ist er ein pittoreskes kleines Städtchen, dessen alte Häuser und Kirchen wie Schwalbennester an den Felsen kleben. In der Schleife des Flusses Lot liegt Cahors, und es mag Geschmackssache sein, ob man die Brücke, die ihn überspannt, für die schönste von Frankreich hält. Seit 1308 jedenfalls hilft sie, von drei Türmen bewacht, den Pilgern über das Wasser. Dass der mittlere Turm Teufelsturm genannt wird, rührt von der alten Legende her, die fast bei jedem Brücken- oder Turmbau bemüht wird: Der Teufel bietet dem Meister seine Hilfe an, gegen dessen Seele versteht sich, die dann, wenn es so weit ist, je nach List oder Ungeschicklichkeit an ihn verloren oder doch noch gerettet wird.

Der Beiname der Maria Magdalena kommt von der Burg Magdalum. Sie entstammte einem königlichen Geschlecht, und ihr Vater hieß Syrus und ihre Mutter Eucharia. Sie besaß die Burg Magdalum, die zwei Meilen vom See Genezareth entfernt liegt, zusammen mit ihrem Bruder Lazarus und ihrer Schwester Martha, und sie besaß auch das Dorf Bethanien in der Nähe von Jerusalem und einen großen Teil der Stadt Jerusalem selbst. Sie teilten ihren Besitz derart, dass Maria die Burg Magdalum besaß, von der auch ihr Name kam, Lazarus einen Teil von Jerusalem und Martha Bethanien. Da sich nun Maria ganz der körperlichen Wollust hingab, Lazarus aber dem Rittertum, kümmerte sich Martha um den Besitz der Geschwister und verwaltete ihn mit großer Weisheit. Sie sorgte für ihre Krieger, ihre Knechte und für die Armen. Nach der Himmelfahrt des Herrn aber verkauften sie all ihren Besitz und gaben den Erlös den Aposteln. Da nun Magdalena unermesslich reich war und Wollust immer eine Freundin des Reichtums ist, sah sie nur auf ihre Schönheit und ihren Reichtum und gab sich so vollends der körperlichen Lust hin, dass sie ihren eigenen Namen verlor und nur noch die Sünderin genannt wurde.

Aus: „Legenda aurea"
von Jacobus de Voragine

Ein zweiter Höhepunkt auf der Via Podensis ist neben Conques zweifellos Moissac, eine Benediktinerabtei in einem verträumten Ort am Zusammenfluss von Tarn und Garonne, deren von Ornamenten und Skulpturen, Tier-, Pflanzen- und Bibeldarstellungen geschmückter

Unterwegs nach Conques: im Zentrum des Dorfs die romanische Klosterkirche Sainte-Foy. Unten: Das Tympanon des Eingangsportals zeigt Christus in der Mandorla, im unteren Bildfeld die Geretteten und die Verdammten.

Kreuzgang aus dem 12. Jahrhundert zum schönsten unter seinesgleichen gehört. Das Unvergleichliche von Moissac aber ist das große Südportal, das wie in Conques und wie in Autun das Jüngste Gericht zum Thema hat, aber dennoch ganz anders als dort. Keine Teufelsfratzen und keine von Schuld und Angst vor dem Feuer gequälten Menschen, sondern eine Darstellung der apokalyptischen Vision des Johannes. Christus im Zentrum, umgeben von den 24 Ältesten, die auf ihn hören, säuberlich aneinandergereiht. Auf der Einfassung des Portals die Geschichte der Menschheit, vom Sündenfall bis zu Szenen aus Christi Kindheit, die eine erste Ahnung von der Erlösung der Welt geben.

Nach diesem Besuch in Moissac empfiehlt sich ein möglichst rasches Weitermarschieren nach Ostabat, wo die drei Wege zusammentreffen, die zu den Pyrenäen führen. Selbst wenn das, was Orte wie Lectour, Condom, Flaran oder Aire-sur-l'Adour noch anzubieten haben, mit Vokabeln wie „typische französische Gotik", „eindrucksvoll" oder „von großartiger Schlichtheit" nicht übertrieben gekennzeichnet ist.

VIA LEMOVICENSIS

Nach Vézelay in Burgund, dem Ausgangspunkt des dritten Weges nach Santiago, kamen die Pilger aus Belgien und den Ardennen, aus Lothringen, aus Basel, Metz und Trier, und wie in Le Puy war – und ist – auch diese Stadt ein Wallfahrtsort für sich. In der Kathedrale Sainte-Madeleine sind nämlich die Reliquien der heiligen Maria Magdalena zu verehren, die bekanntlich nach Christi Auferstehung von Jerusalem in die Provence nach Saintes-Maries-de-la-Mer flüchtete und dort einige Jahre als Büßerin lebte. Sie wurde in Aix beigesetzt, aber im 11. Jahrhundert nach Vézelay entführt, was einen eindrucksvollen Magdalenenkult zur Folge hatte, der der rasch wachsenden Stadt in jeder Beziehung zugute kam. Man weiß zwar bis heute nicht, welche der Marien aus den verschiedenen Evangelien die vielzitierte aus Magdala sein mag, aber das schien nicht weiter zu stören; auch dass ganz in der Nähe, in Autun, angeblich die Gebeine des Lazarus, des Bruders einer wohl ganz anderen Maria begraben lagen, konnte nur von Vorteil sein.

Vézelay wurde groß und berühmt und griff sogar in die Geschichte ein. 1146 rief Bernhard von Clairvaux vor einer riesigen Menschenmenge zum zweiten Kreuzzug auf, und 1190 trafen sich hier die Könige Philippe-Auguste und Richard Löwenherz zum dritten Zug nach Palästina. 1217 gründete Franz von Assisi hier seine erste französische Niederlassung ... Aber dem Aufstieg folgte ein rascher Niedergang: Gegen Ende des 13. Jahrhunderts tauchten in der Provence die angeblich echten Gebeine der heiligen Büßerin auf, und die Pilgerscharen blieben rascher aus, als sie gekommen waren.

Entsprechend der dramatischen Historie durch die Jahrhunderte verlief auch das Schicksal des Kirchengebäudes selbst: 1104 eingeweiht und 16 Jahre später abgebrannt. Neu aufgebaut, 1185 mit einem gotischen Chor versehen, dann aber nach dem ungeheuren Erfolg der rasche Verfall, denn die Konkurrenz aus der Provence war übermächtig. Plünderung durch die Hugenotten, Säkularisierung des Klosters, die Revolution – zu guter Letzt ein Blitzschlag, der 1819 den Glockenturm zerstörte. Ein Glück, dass es Prosper Mérimée, den Dichter der „Carmen", gab, der wenige Jahre später, wie auch in Conques, all seinen Einfluss aufbot, um die Kirche, die schon kurz vor dem Einsturz stand, glänzend restaurieren zu lassen. Eine wahrhaftige Auferstehung eines herrlichen Gebäudes, dessen Skulpturenschmuck diesem zumindest ebenbürtig ist. Als Beispiel nur das grandiose Tympanon des Hauptportals: Christus auf dem Thron, wie er die Apostel aussendet, damit sie ihn in aller Welt verkünden.

Bald hinter Vézelay teilt sich der „Limousinische Weg" (so benannt nach der aus dem spätrömischen Pagus Lemovici-

Weithin sichtbar auf einem Hügel liegt der berühmte Wallfahrtsort Vézelay.

Im 12. Jh. war Vézelay das unangefochtene Zentrum des Magdalenenkultes. Blick auf die Stadt von Süden.

Es ist dem Dichter Prosper Merimée zu verdanken, dass die Basilika Sainte-Marie-Madeleine vor dem drohenden Verfall gerettet wurde.

nus hervorgegangenen Provinz Limousin mit der Hauptstadt Limoges) in drei verschiedene Routen, und die Zahl der Orte, Abteien und Kirchen mit weniger klingenden Namen als viele der bisher genannten sie tragen, ist nur schwer übersehbar: La Charité-sur-Loire mit der nach Cluny einst zweitgrößten Kirche Frankreichs, Charost, Argenton-sur-Creuse, der Turm von Déols bei Chateauroux auf der Nordroute; auf der mittleren, direkt über Nevers, La Celle, Nohant, Thevet-Saint-Julien, Gargilesse-Dampierre oder La Souterraine; auf der südlichen Route von Souvigny, einer der ersten fünf „Töchter von Cluny", bis Saint-Léonard-de-Noblat, wo die Kraft des heiligen Leonhard so viele Tausende aus den Gefängnissen befreit hat, dass es den Autor des Pilgerführers gruselt, wenn er die unzähligen eisernen Hals- und Fußeisen, Ketten, Brechstangen und Joche schildert, die noch zu seiner Zeit in der Basilika zu sehen waren.

Der Graf von Limoges hatte zum Schrecken aller Übeltäter eine große Kette machen lassen und diese an einer Stange an seinen Turm hängen lassen. An dieser Kette wurde nun jeder Bösewicht gehängt und jedem Wetter

Südwand des Mittelschiffs (um 1132) von Sainte-Marie-Madeleine.

ausgesetzt, so dass er von tausend Ängsten gequält war. Nun geschah es aber, dass einer der Knechte des St. Leonard ganz unschuldig an diese Kette gefesselt wurde, und als er schon nahe daran war, seinen Geist aufzugeben, bat er inständig, St. Leonard möge ihm zu Hilfe kommen, so wie er schon anderen zu Hilfe gekommen war. Da erschien St. Leonard in einem weißen Gewand und sprach: „Fürchte dich nicht, du wirst nicht sterben! Steh auf und trage diese Kette mit mir zu meiner Kirche! Ich will vor dir hergehen." Da stand der Mann auf und folgte St. Leonhard, der vor ihm herging, mitsamt seiner Kette bis zur Kirche. Als sie an der Tür ankamen, verließ ihn der Heilige. Er aber ging in die Kirche, die St. Leonard für sich hatte bauen lassen, und erzählte dem ganzen Volk von dem Wunder. Dann hängte er die große Kette vor dem Grab des Heiligen auf.

Aus: „Legenda aurea"
von Jacobus de Voragine

Hier ungefähr haben sich die drei seit Vézelay getrennten Wege wieder vereint und verlaufen jetzt noch mehr nach Süden. Wieder lernt man neue, oft winzige Orte und deren uralte Besitztümer kennen, Solignac (Haute-Vienne) oder Saint-Sever oder Cadouin im Süden der Dordogne. Und bei dieser Vielzahl von Eindrücken kann es leicht geschehen, dass der Reisende sich in der ermüdenden Fülle von Portalen und Kapitellen, von Tonnengewölben, Flachreliefs und Reliquienschreinen verliert. So er nicht ständig das große Pilgerziel vor Augen hat oder die Heiligen auf dem Weg – Saint-Léonard, Saint-Martial in Limoges oder Saint-Front in Perigueux –, vor denen zu knien eine immer neue Begegnung mit dem Numinosen sein mag. Aber es kann auch geschehen, dass plötzlich, und oft durchaus subjektiv, aus der Fülle Herausragendes als solches empfunden wird und sich für immer ins Gedächtnis gräbt: die anziehenden Fresken in der kleinen Dorfkirche von Nohant nahe des Indre oder die Zisterzienserabtei von Noirlac oder die mächtige Rundkirche von Neuvy-Saint-Sépulcre, eine Grabkirche wahrscheinlich wie Eunate. Saint-Etienne von Bourges, eine der französischen Kolossalkirchen aus dem 13./14. Jahrhundert – oder schon gegen Ende des Weges aus Vézelay, die alte befestigte Brücke von Orthez.

VIA TURONENSIS

Der vierte, der „Große Weg des heiligen Jakob", wie er genannt wurde, verläuft über Tours, daher sein Name, aber er beginnt eigentlich schon in Paris, und dort sammelten sich die Pilger aus Boulogne und Dünkirchen, aus Aachen, Holland und Nordeuropa. Sie zogen an der Kirche Saint-Jacques-de-la-Boucherie vorbei, von der heute noch der Turm geblieben ist, und verließen die vielbewunderte Stadt durch die Straße und das Stadttor, die beide den Namen des Heiligen trugen.

Zur nächsten großen Pilgerstation Tours ging es über Orléans, wo man das Kreuzesholz und den wunderbaren Kelch des heiligen Evurtius verehren konnte. Eines Tages, nämlich im 4. Jahrhundert, als dieser die Messe gefeiert hatte, war ein erstaunliches Wunder geschehen. Plötzlich erschien über dem Altar die rechte Hand des Herrn Jesus, und jede Bewegung, die der Bischof machte, machte auch sie: wie er über Brot und Wein das Kreuzzeichen schlug und die Hostie und den Kelch in die Höhe hob, damit alle es sehen konnten. Dann verschwand die Hand des Herrn wieder, und aus all dem, so wird gesagt, kann man erkennen: Wer auch immer die Messe liest, es ist Christus selbst.

Evangelistenpfeiler im Kreuzgang der Kathedrale in Saint-Bertrand-de-Comminges, einer bedeutenden Station auf dem Jakobsweg.

Martinus heißt soviel wie Martem tenens, das heißt, einer führt Krieg gegen Laster und Sünden. Es heißt aber auch soviel wie martirium unus, einer der Märtyrer; denn er war ein Märtyrer in der Abtötung des Fleisches. Martinus heißt aber auch, einer der reizt, der herausfordert, der regiert. Denn durch das Verdienst seiner Heiligkeit reizte er den Teufel zum Neid, er forderte von Gott Barmherzigkeit und regierte über seinen Körper durch stete Abtötung des Fleisches. Denn, so schreibt Dionysius in seinem Brief an Demophilus, der Geist muss über das Fleisch herrschen, wie ein Herr über den Knecht, wie ein Vater über den Sohn, wie ein Alter über den unreifen Jungen …

Es war an einem Wintertag, da ritt Martinus durch das Tor von Amiens, und es begegnete ihm ein Bettler, der nackt war und noch von niemandem ein Almosen bekommen hatte. Da erkannte Martinus, dass der Arme Hilfe brauchte, er zog sein Schwert und schnitt den Mantel, den er trug, in zwei Teile und gab einen dem Armen. In den anderen Teil hüllte er sich selber ein. In der folgenden Nacht sah er Christus auf sich zukommen, der mit dem Teil des Mantels gekleidet war, den Martinus dem Armen gegeben hatte. Und Christus sagte zu den Engeln, die um ihn standen: „Martinus, der noch gar nicht getauft ist, hat mich mit diesem Gewand bekleidet." Martinus hörte die Worte, aber er wurde nicht hochmütig, sondern erkannte die Güte Gottes. Und er ging hin und ließ sich taufen, er war achtzehn Jahre alt damals.

Aus: „Legenda aurea"
von Jacobus de Voragine

Wer ein bisschen Zeit hatte, konnte von Orléans das Stück zu der wunderbaren Klosterkirche Saint-Benoît-sur-Loire wandern, um vor den Reliquien des heiligen Benedikt von Nursia, des Gründers des Benediktinerordens, zu beten, der als der geistige Vater des christlichen Abendlands gilt. Dann aber ging es weiter durch das Tal der Loire über Cléry-Saint-André, über Beaugency und Blois, oder den Weg über Chartres, wo seit dem 13. Jahrhundert die herrlichsten Glasmalereien zu bewundern waren. Von Tours könnte man die tragische Geschichte der großen romanischen „Pilgerkirche" Saint-Martin erzählen, wie sie im Laufe der Jahrhunderte – während der Hugenotten- und anderer Kriege und der Französischen Revolution – allmählich verfiel, und wo heute nur noch der Tour Charlemagne steht. Auch der heilige Martin wurde wegen seines Wirkens und seiner Wunder lange Zeit hindurch fast so verehrt wie Jakob selbst. Schließlich hatte er das Christentum nach Galicien gebracht.

Es geht nach Süden, und hier fand irgendwo die Schlacht Karl Martells statt, die Europa vor den Mauren bewahrt hatte. Im Gegensatz zu Saint-Martin in Tours haben in Poitiers etliche Heiligtümer die Unbill der menschlichen Geschichte heil überstanden, auch wenn diese Stadt noch im 11. Jahrhundert bei nur 12.000 Einwohnern 46 Klöster und 20 Pfarrkirchen besessen hat. Aber selbst für die heutige Einwohnerzahl von etwa 130.000 sind drei Kirchen von solcher Qualität schon ein Übermaß an kulturellem Besitz: Notre-Dame-la-Grande aus dem 11./12. Jahrhundert mit der von zwei Türmchen eingerahmten, reich geschmückten Westfassade; die Kathedrale Saint-Pierre mit dem ältesten Chorgestühl Frankreichs und dem vielgerühmten Baptisterium, sowie der einstige Mittelpunkt einer Abtei von 1049, eine rein romanische, siebenschiffige „Pilgerkirche" von ungewöhnlichen Ausmaßen. Sie ist dem heiligen Hilarius geweiht, dem 368 verstorbenen Bischof von Poitiers, der sich durch seinen erfolgreichen Kampf gegen den Arianismus um die Einheit des Glaubens verdient gemacht hat – von ihm werden allerdings auch andere, eher merkwürdige Dinge erzählt. So soll sich während eines Konzils, in dem Arius verurteilt wur-

Die Basilika Saint Just de Valcabrère, im Hintergrund die Kathedrale von Saint-Bertrand-de-Comminges.

de, der Boden unter ihm derart gehoben haben, dass er während der langen Sitzung endlich Platz nehmen konnte, und seine Stimme war so mächtig, dass, wenn er es für nötig hielt, die Schlösser an den Flügeltüren des Konzilsaales aufsprangen. Und als sein Gegner, Papst Leo – man weiß allerdings nicht, welcher – die Heilige Schrift nicht anerkennen wollte und die Versammlung verließ, starb er bald danach eines schändlichen Todes, und zwar durch einen Durchfall auf der Latrine. Wobei Saint-Hilaire daran nicht ganz unschuldig gewesen sein dürfte.

Poitiers liegt bereits in der Region Poitou-Charentes, und aus dem kaum 50 Kilometer vom Pilgerweg entfernten Parthenay, das dennoch viel von Pilgern besucht wurde, soll Aimeric Picaud stammen, der angebliche Verfasser oder Herausgeber des „Codex Calixtinus" oder eines Teiles davon, vielleicht des Pilgerführers. Es ist also verständlich, dass sein Werk nicht nur die schöne Landschaft, sondern auch deren Bewohner in den höchsten Tönen preist, ihre Schönheit und Eleganz, ihre Eloquenz, Großzügigkeit und Gastfreundschaft – ganz im Gegensatz zu den Basken und den Bewohnern von Navarra, unter denen die Pilger einige hunderte Kilometer weiter südlich zu leiden haben werden. Der Gewährsmann Picaud unterscheidet zwar nicht sehr genau zwischen den beiden – außer vielleicht, dass die Basken eine weißere Haut hatten als die anderen –, auf jeden Fall waren sie nach seiner Darstellung schlecht gekleidet, aßen mit den Händen, dass man glaubte, Schweine oder Hunde beim Fraß zu sehen. Auch ihr Reden erinnerte an Hundegebell, zudem waren sie bösartig, treulos, falsch und gewalttätig und hassten die Franzosen – also so ziemlich alles, wovor sich brave, gottesfürchtige Pilger ängstigen mussten.

Vorläufig aber konnten sie sich noch des schönen Poitou mit seinen freundlichen Bewohnern erfreuen, sie mussten sich nur wieder einmal entscheiden, welchen Weg sie wählen wollten: den eher geraden durch das Anfoumois nach Süden mit den Orten Charroux, Angoulême, Aubeterre und Sainte-Foy-la-Grande, den eine große Zahl von Kirchen säumt, in denen die Pilger einen Vorgeschmack bekommen

Am Fuße der Pyrenäen… *…liegt die Kathedrale Sainte-Marie von Saint-Bertrand-de-Comminges aus dem 12. Jh.*

konnten, von dem, was sie an maurischer Kunst erwartete. Oder den zweiten Weg, der parallel zu dem ersten näher dem Meer verlief und sich mit diesem bei Belin hinter Bordeaux wieder vereinigte. Beide waren ungefähr gleich beliebt, auch wenn es sehr mühsam war, den Weg durch das ebene, sandige Heideland weiter im Westen zu durchwandern, wo es kein Wasser und nichts zu Essen gab. Aber vielleicht war dieser lohnender, zumindest, was die Reliquien betraf, mit denen man unterwegs Zwiesprache halten konnte.

Hilarius heißt soviel wie hilaris, fröhlich; denn er war fröhlich im Dienste Gottes. Hilarius heißt auch soviel wie Alarius, und das kommt von altus, hoch, und von ares, Kraft. Denn er war hoch in den Künsten und kräftig im Leben. Hilarius kommt auch von hyle, und das ist der dunkle Urstoff. Und so war Hilarius auch dunkel und unergründlich, wenn er sprach.

Hilarius ist in Aquitanien geboren und war Bischof in Poitiers. Er leuchtete unter den Menschen wie der Morgenstern unter den Sternen. Früher hatte er eine Frau und eine Tochter und führte im weltlichen Gewande ein geistliches Leben. Dann nahm er zu an Weisheit und Heiligkeit und wurde zum Bischof gewählt. Als solcher beschützte er nicht nur seine Stadt, sondern das ganze Frankenland vor den Ketzern.

Aus: „Legenda aurea"
von Jacobus de Voragine

Da lag in der Abteikirche Saint-Romain zu Blaye (Gironde) der vielgerühmte Held und Märtyrer von Roncesvalles, Roland, bestattet, und Belin war die letzte Ruhestätte einiger seiner Mitstreiter, der Könige von Friesland und Dänemark, des Herzogs von Lothringen und vieler anderer Helden, die Karl der Große auf seinem traurigen Rückzug hatte hierher bringen lassen. In der Hafenstadt Bordeaux konnte man in der gotischen Kirche Saint-Seurin vor den Reliquien des heiligen Severinus knien und Rolands Horn Olifant betrachten. In der Basilika von

Saint-Jean-d'Angély aber, von der heute nichts mehr geblieben ist, wurde die wohl kostbarste Reliquie weit und breit aufbewahrt, das Haupt Johannes des Täufers, und hundert Mönche beteten damals davor Tag und Nacht.

Es war an einem 24. Februar zur Zeit des Kaisers Martian, der von 450–457 regierte, da zeigte Johannes zwei Mönchen die Stelle, an der sein abgeschlagenes Haupt verborgen lag, und bald darauf wurde es von Jerusalem hierher gebracht. Schon auf der Reise über Land und über Wasser vollbrachte es Zeichen seiner Wunderkraft, es beruhigte die Wogen, wenn Sturm war, und erweckte Tote wieder zum Leben – ein Beweis schon für seine Begleiter, dass es das echte Haupt des Täufers war.

Der erste Bischof von Saintes, der heilige Eutropius, war sicher weit weniger bedeutend als Johannes, der „Vorläufer" des Herrn. Er stammte aus adeligem persischem Geschlecht und lebte zeitweise am Hof des Königs Herodes, wo er immer wieder von Christus und dessen Wundern hörte. Er begann ihn zu suchen, und es gelang ihm auch, ihn zu sehen, den Mann, der Aussätzige rein machte und Tote zum Leben erweckte und mit fünf Broten und zwei Fischen fünftausend Hungrige gespeist hatte. Immer auf den Spuren des seltsamen Mannes, der ihn nicht mehr losließ, erlebte er dessen triumphalen Einzug nach Jerusalem und den Tod am Kreuz. Er brannte vor Liebe zu Jesus und schloss sich den Jüngern an, er empfing mit dem König von Babylon die Taufe und zog nach Rom, von wo aus der heilige Petrus ihn nach Gallien schickte, damit er dort predige. Er kam in die blühende Stadt Saintes, um dort das Evangelium zu verkünden, auch wenn die Einwohner ihn immer wieder schmähten und schlugen und davonjagten. Mutlos ging er nach Rom zurück, aber der Papst mahnte ihn, nicht aufzugeben, also war er bald wieder in Saintes, wo er sich am Stadtrand eine Hütte baute, in der er schlief. Diesmal kam die göttliche Gnade über ihn, und viele glaubten seinen Worten und ließen sich taufen, darunter auch die Tochter des Königs, Eustella, die durch die Taufe ein neuer Mensch wurde. Als ihr Vater das erfuhr, verfluchte er sie und jagte sie aus seinem Haus, sie aber ging hinaus in den Wald zur Hütte des heiligen Mannes, der von nun an ihr Lehrer wurde. Alles Flehen ihres Vaters, der Eustella liebte, zurückzukehren, half nichts – sie blieb um Christi Willen, wie sie ihm sagen ließ. Da erfasste ihn eine unbändige Wut, und er befahl allen Metzgern der Stadt, es waren einhundertfünfzig, den Mann, der ihm seine Tochter genommen hatte, zu töten. Und sie taten es und zerrten den Heiligen aus seiner Hütte, sie steinigten ihn und schlugen ihm das Haupt ab.

Eustella aber kehrte nicht mehr zu ihrem Vater zurück, sie begrub den Toten in seiner Hütte und wachte an seinem Grab viele Jahre lang, bis sie selber starb und neben ihm begraben wurde. Die erschütternde Geschichte einer Berufung, die manchem Pilger, der sie hörte, wohl noch mehr bedeuten mochte als die große Kathedrale Saint-Eutrope mitsamt der Vielfalt ihrer Kapitelle und der „unübertroffenen Weite und Kraft" ihrer Krypta.

RONCESVALLES

Ein Teil der Pilger zog jetzt über Bayonne der baskischen Küste entlang. An die 20 Hospize und viele Klöster, Herbergen und Kirchen hat es damals gegeben, um die Millionen Pilger aufzunehmen und zu betreuen, die zwischen dem 10. und 16. Jahrhundert und auch noch später hier vorbeikamen.

Im nächsten Ort, in Saint-Jean-Pied-de-Port („Fuß des Passes") im Valcarlos, wurden die Pilgergruppen mit Glockengeläut empfangen und wieder verabschiedet, denn jetzt hieß es, die gefürchteten Pyrenäen zu überqueren, die das ersehnte Land des Heiligen abschlossen, und viele trugen auch Kreuze bis zum Ibañeta-Pass mit sich. Die Kreuze, die sie dann auf dem Gipfel in die Erde steckten, so dass viele davon noch lange zu sehen waren. Dort oben nämlich – man konnte, wie es heißt, das Meer bis zur Bretagne und bis zum Atlantik sehen – hatte Karl der Große auf seinem historischen oder legendären Zug nach Spanien ein Kreuz aufstellen lassen und war niedergekniet, um Gott und den heiligen Jakob um Hilfe

Die Statue „Unserer lieben Frau von Roncesvalles" in der Marienkirche von Roncesvalles.

Die Glocke der St. Jakobus Kapelle in Roncesvalles läutete einst in der St.-Salvator-Kapelle auf dem Ibañeta-Pass und wies verirrten Pilgern den Weg.

für sein Unternehmen anzuflehen. Und das taten die Pilger jetzt auch.

Vom Pass, auf dem heute ein „Rolandsstein" zu sehen ist, kommt man nach einigen Kehren bergab nach Roncesvalles mit seinen so oft zerstörten und wieder aufgebauten Zeugen der Vergangenheit: dem Block des alten Pilgerhospizes, der Stiftskirche und der Grabkapelle Espiritu Santo. Hier hat der große, tragische Kampf stattgefunden, und hier sollen die gefallenen Helden begraben sein, die der Kaiser nicht nach Frankreich hatte mitnehmen können.

An einer romantischen Stelle bald nach dem Dorf unter Kiefern und Laubbäumen das angeblich schönste und älteste Wegkreuz des Camino. Ein Pilgerkreuz, auch wenn es „Rolandskreuz" genannt wird.

DER KÖNIGSWEG

„Santiago 787" steht auf dem Wegweiser unter dem Bild einer Muschel in Roncesvalles, und das war der Weg, den die Pilger noch zu gehen hatten bis Santiago. Camino francés, camino antiguo, camino real, Königsweg.

In Puente la Reina trafen sich alle zusammen, die von Arles über den Somport gekommen waren, und jene von den drei anderen Routen durch Frankreich über die Pyrenäen. Ein modernes Pilgerdenkmal erinnert daran. Noch heute zieht diese eine Straße als Calle mayor durch den kleinen Ort, und die „Brücke der Königin" über den Río Arga, ein elegantes, sechsbogiges Bauwerk, ist eines der ersten Beispiele für den eifrigen Ausbau des Camino im 11. und 12. Jahrhundert durch Fürsten und Privatleute. Der nicht nur der Bequemlichkeit und dem Schutz der Pilger diente, sondern auch für den wirtschaftlichen und kulturellen Aufschwung der ganzen Region vonnöten war.

Bald hinter Puente la Reina in Richtung Westen ist noch ein ziemlich langes Stück des mittelalterlichen Pilgerweges zu sehen, der die römische Trasse verwendet hat. Hier, wie an vielen anderen Orten auch, kann sich der heutige Besucher noch eine Vorstellung vom Aussehen und von der Atmosphäre des Jakobsweges machen – er muss allerdings oft ein Stück zu Fuß kommen. Über das Flüsschen Salado, vor dessen giftigem, für Pferde gar tödlichem Wasser der Pilgerführer warnt, geht es nach

Puente la reina, „Die Brücke der Königin" über den Rio Arga.

Teilweise verläuft der Jakobsweg auf der alten Römerstraße.

Estella, das im Gegensatz zu heute im 13. Jahrhundert noch eine wohlhabende Stadt war, wie der Palast der Könige von Navarra, ein seltenes Beispiel romanischer Profanarchitektur, zeigt. Mit einer dramatisch bewegten Kampfszene zwischen Roland und dem Riesen Ferragut auf einem Kapitell. Dass Estella auch eine bedeutende Station des Jakobsweges war, weiß man von etlichen Kirchen, von Hospizen und Herbergen, die damals die Pilger betreuten, – und eines der schönsten Beispiele spätromanischer Bauplastik in Spanien zeigt die Fassade der Kirche San Miguel: Engel, Propheten und Patriarchen, die 24 Ältesten der Apokalypse sowie die großen Reliefs am Portal, Frauen am Grab und das Jüngste Gericht.

Jetzt geht es immer nach Westen, am Kloster Irache vorbei, durch Los Arcos, das zu beiden Seiten des Camino verläuft, nach Torres del Río mit einer merkwürdigen, an Eunate, aber auch an die Espiritu Santo von Roncesvalles gemahnende turmartige Kapelle. Eine Grabkapelle wahrscheinlich wie diese und vielleicht ebenfalls mit den Templern, mit Jerusalem in Verbindung. Achteckig ist der Grundriss und achteckig auch die Laterne über der Kuppel, aus der wahrscheinlich ein Totenlicht leuchtete, zur Orientierung für Pilger während der Nacht oder auch zur Erinnerung an die Vergänglichkeit des Lebens. Ebenso ungewöhnlich aber auch

Kloster San Millán de Yuso – in der Sakristei werden die Reliquien der Heiligen Millán und Felix in zwei Silberschatullen aufbewahrt.

das komplizierte Rippengewölbe, da waren ganz sicherlich Mudejaren am Werk.

Nicht weit südlich von Logroño, der Hauptstadt der durch ihren Wein berühmten Rioja, liegt Clavijo, der Ort der legendären Schlacht von 844, die der heilige Jakob durch sein Eingreifen für die Christen entschied; und in Nájera, vor dessen Mauern der legendäre Kampf Rolands gegen den Riesen Ferragut stattfand, hinterließ die Historie ihre Erinnerungsstücke in Form zahlreicher Sarkophage von Angehörigen der Königshäuser Kastiliens und Navarras. Sie befinden sich in der gotischen Kirche Santa María la Real, deren Kreuzgang aus dem 16. Jahrhundert bereits platereske Elemente enthält.

Wer einen Maurentöter sehen möchte, aber ausnahmsweise nicht den heiligen Jakob, sondern San Millán in eben derselben Rolle, der zweigt von der Pilgerstraße nach Süden ab, zu der Klosteranlage San Millán de Yuso. Der Jakobspilger aber zog weiter, bis er nach Santo Domingo de la Calzada kam, wo es genügend Anlässe gab, eine Weile zu rasten. Nicht nur das vom heiligen Dominik, dem Straßen- und Brückenbauer der ganzen Umgebung, gegründete Gästehaus, das in den sechziger Jahren unseres Jahrhunderts in einen staatlichen Parador umgebaut wurde, sondern vor allem die prachtvolle, bis

Burgos: Hauptstadt der Grafschaft Altkastilien, Krönungsstadt der kastilischen Könige und Heimat des Nationalhelden El Cid.

ins 18. Jahrhundert immer wieder umgebaute Kirche über dem Mausoleum des legendären Lokalheiligen. Pilger früherer Zeiten haben sie schon Ende des 12. Jahrhunderts sehen können und noch früher als die von St. Dominik (1019–1109) eigenhändig erbaute Kapelle. Die bekannte, hier schon ausführlich erzählte Legende hat alle Stadien des Baus überlebt und ist hier auch noch in plastischer Form als reich verzierter und illuminierter Hühnerstall zu bewundern.

Die Strecke über die Montes de Oca ist eine der anstrengendsten des Jakobsweges, und nicht umsonst hatten die nächsten Orte wie Redecilla de Camino, Belorado und Villafranca neben ihren Kirchen auch ihre Pilgerhospitäler. Kirche und Spital des nächsten Ortes San Juan de Ortega wurden von dem Eremiten San Juan erbaut, einem Schüler des heiligen Dominik.

Von hier aus ging der Pilgerweg über verschiedene Strecken nach Burgos, die als Festung gegen die Mauren um 880 gegründete Hauptstadt der Grafschaft Altkastilien, Krönungsstadt der kastilischen Könige und Heimat des Nationalhelden El Cid. Eine Stadt, von der das Sprichwort sagt: Neun Monate Winter, drei Monate sommerliche Hölle – was, wie ebenso behauptet wird, auch für weite Strecken des Camino gelten könnte. Wenn die Wallfah-

Aus der ersten Bauphase (1221-1230) der Kathedrale von Burgos stammt die Skulpturengruppe an der Puerta del Sarmental. Sie zeigt einen Pantokrator im Kreise der Apostel und Evangelisten.

rer durch die Straße Las Calzadas in die Stadt einzogen, kamen sie über San Juan und Fernán Gonzáles gleich zu einer der schönsten Kathedralen des Landes. Für eine Unzahl von Pilgern allerdings durch die Jahrhunderte mehr eine Baustelle, die 1221 eröffnet wurde; und die Hauptfassade mit ihren kostbaren Helmtürmen, Giebeln und Portalen, vom Kölner Dombaumeister Juan de Colonia errichtet, konnte erst ab dem 15. Jahrhundert in ihrer Vollkommenheit bestaunt werden.

In diesem großartigen Bauwerk befindet sich die bei den Pilgern beliebteste Figur des Santo Christo, dem, wie stets versichert wurde, ständig der Körper blutete und der Bart wuchs. Besser auch im Sinn eines Jakobsbuches der gute Rat, in der nahe gelegenen Kartause von Miraflores das grandiose Altarretabel (1496–1499) zu besichtigen – unter den Aposteln des Abendmahls sitzt Sankt Jakob direkt neben Jesus, mit der Pilgermuschel auf dem Hut. Oder das Zisterzienserkloster Las Huelgas Reales, wo eine hölzerne Statue des Apostels mit einem beweglichen Schwertarm zu sehen ist, die in einer eigenartigen Zeremonie die Könige zu Rittern schlug und sie auf den immerwährenden Kampf gegen die heidnischen Mauren einschwor.

Es ist zwar ein Umweg von mehreren Stunden, aber man sollte sich die Zeit

Der Kreuzgang des Klosters Santo Domingo de Silos (11./12. Jh.) mit herrlichen Kapitellen und Pfeilerreliefs. Rechts: Christus und die Emmaus-Jünger.

nehmen, auch Santo Domingo de Silos zu besuchen. Denn der Kreuzgang dieses alten Klosters (11. und 12. Jahrhundert), das nach seinem berühmten, 1073 verstorbenen Abt Domingo Manso benannt ist, gehört zu den ganz großen und auch viel besuchten Werken der spanischen Bildhauerei. Im Kontrast zu den 64 meisterhaft gemeißelten Kapitellen (Fabelwesen, Pflanzenstudien, Ornamente, aber auch Szenen aus dem Leben Christi) herrliche, großfigurige Pfeilerreliefs mit Darstellungen u. a. der Verkündigung und der Kreuzabnahme, der Grablegung und der Himmelfahrt. Und wohl am bekanntesten: Christus als Pilger mit der Muschel auf seiner Reisetasche, wie er den Jüngern von Emmaus den Sinn seines Leidens erklärt. Ob Christus selbst – der Künstler – den Pilgern damit die Bedeutung ihres Zieles vor Augen halten will?

Der Weg führt durch die kastilische Hochebene, und eine Perle reiht sich an die andere auf dieser kostbaren Schnur. Hornillos del Camino, Castrojeriz, Carrión de los Condes, Kirchen, Klöster, Grabdenkmäler, Burgen, deren es in Spanien noch heute gezählte 2585 geben soll, und die vielen Krankenhäuser, Hospize und Herbergen für die Pilger von damals, einige wurden zu modernen Gästehäusern umgebaut, für die Pilger von heute.

Zwei Kirchen von Sahagún sind frühe Mudéjar-Architektur, 12. und 13. Jahrhundert, das Kloster San Miguel de Escalada haben mozarabische Mönche schon 913 wieder aufgebaut. Irgendwo bei den Ruinen der Abtei San Benito, die zu Cluny gehört hat, haben die Lanzen der

„Mehr Glas als Stein...": die Kathedrale von León, ein Meisterwerk der französischen Gotik.

Ritter des großen Karl Blätter zu treiben begonnen, und in der Kirche San Martín zu Fromista hat man Einflüsse aus dem Poitou, der Saintonge und dem Rheinland festgestellt. Der Weg nach Santiago ist von unendlicher Vielfalt.

Und jetzt León – nach Pamplona (Navarra), nach Burgos (Kastilien) die einstige Hauptstadt des alten Königreiches León. Eine Stadt mehrerer absoluter Höhepunkte auf dem Jakobsweg: San Isidoro, das „perfekteste Bauwerk der Romanik" mit seinen beiden Eingangsportalen. Das Königliche Pantheon mit den berühmten Wand- und Gewölbefresken aus dem 12. Jahrhundert und gleich nebenan der „stilreinste gotische Bau auf spanischem Boden", die Kathedrale, die mit Chartres und Reims „zu den drei schönsten Werken französischer Gotik" zählt und deren herrliche Glasfenster, je nach Sonnenstand, ein Farbenspiel in das Kircheninnere zaubern, zu dem man am besten zitiert, was die Bewohner von León über ihr Gotteshaus sagen: „Mehr Glas als Stein, mehr Licht als Glas und mehr Glaube als Licht." Sogar eine einzelne Skulptur wird hier mit einem Superlativ bedacht: „Die schönste Madonna Spaniens", von der eine Kopie die Mittelsäule des Hauptportals ziert (das Original steht zum Schutz vor Umwelteinflüssen im Kircheninnern). Links davon ein heiliger Jakob, den die Pilger bei ihrem Vorüberziehen mit den Händen berühren.

Zwei der 24 Alten der Offenbarung, mit Rabel und Radleier. Skulpturengruppe am Portal der Kathedrale von León (12. Jh.). Die Instrumente werden auch heute noch hergestellt und gespielt.

Weiter im Norden am Meer liegt Oviedo, eine Zeit lang die Hauptstadt des Königreiches Asturien, und auch dort zogen die Pilger vorbei. Aber den Hauptstrom drängt es hier nach Westen zu einer der wichtigsten Brücken über den Orbigo. Sie war zur Zeit der Renaissance Schauplatz angeblicher Ritterturniere eines gewissen Suero de Quiñones, der jeden, der vorbei wollte, zum Duell aufforderte. Eine zweite Version erzählt, diese „Turniere" seien nichts anderes gewesen, als dass der „Ritter" mit neun Mann Hunderten von Pilgern einen Brückenzoll abverlangt habe.

Nicht weit davon liegt Astorga, das nach alten Berichten einmal 22 Spitäler brauchte, denn hier trafen auch die Pilger aus Portugal auf den Camino francés. Eines davon ist noch heute zu sehen, es steht neben der Kathedrale, einem gotischen Bau mit einer eindrucksvollen Fassade, der noch heute von den Resten einer römischen Stadtmauer umgeben ist.

Nicht weniger eindrucksvoll der erst 1889 von Antonio Gaudí begonnene Bischofspalast aus weißem Granit, eine merkwürdige Mischung aus Neugotik und ersten Elementen des Jugendstils. In dem „Museum der Pilgerwege", das hier untergebracht ist, lässt eine große Zahl von Ausstellungsstücken ein wenig vom einstigen Leben auf dem Camino erahnen, der sich jetzt allmählich seinem Ziel nähert.

Doch noch hat man mehr als zweihundert Kilometer vor sich. Noch muss man über den langen Irago-Pass die Berge von León überqueren – dort steckt ein eisernes Kreuz, „Cruz de Ferro", auf einem meterlangen Stiel in einem Steinhaufen, einer Markierung, und es war üblich, dass jeder Pilger noch einen Stein dazulegte. Noch steht der 1109 m hohe Cebreiro-Pass den Pilgern bevor, und die Orte dazwischen werden weniger bedeutend. Ponferrada – Reste einer Burg der Tempelritter. Carraceda – Ruinen des Zisterzienserklosters. Villafranca del Bierzo – eine kleine Stadt, wo sich die Franken niederließen, die als Pilger gekommen

waren. Ein schöner Palast der Markgrafen, die Kirche Santiago – und die Grenze zu Galicien, dem grünen, wasserreichen Galicien. Hier sind die Menschen schon weitaus liebenswürdiger und den Franzosen ähnlich, wie Aimeric Picaud schreibt, ganz anders als die Basken und die von Navarra, ganz anders als die Maragatos aus der wilden und fruchtbaren Gegend westlich von Astorga, von denen man gar nicht weiß, woher sie eigentlich stammen. Nachkommen der Sueben oder der Berber, die einmal in Asturien waren?

ALTES PILGERLIED

Zu einer Kapelle sollst du gehn,
Sie wird auf dem Berg der Freude stehn.
Dort gibt es Steine ohne Zahl,
Und du siehst Santiago zum ersten Mal.
Und du kriegst, das wird jeder dir sagen,
Einen Ablass von hundert Tagen.

Der Bischofspalast in Astorga, ein Werk von Antonio Gaudí.

Durch das grüne Galicien führt der Jakobswegs zum Zielort Santiago de Compostela.

Das erste, was man von Santiago de Compostela sieht, sind die Türme der Kathedrale, die als Höhepunkt all der großen „Pilgerkirchen" am Jakobsweg gilt. Aber wenn man ihr näherkommt, hält man vergeblich Ausschau nach der einstigen romanischen Stadt aus dem Mittelalter oder der Gotik aus Frankreich! Man taucht vielmehr ein in Barock, ein sehr merkwürdiges Barock: streng würfelförmige Häuser, Paläste ohne üppigen Schmuck. Dann aber steht man unvermittelt und sprachlos auf der Plaza del Obradoiro, dem „Platz des goldenen Werks", einem der schönsten Plätze Europas, wie viele sagen, und weiß nicht recht, soll man sich von dieser überreich geschmückten Kirchenfassade faszinieren lassen oder der verschwundenen romanischen Schlichtheit von einst nachtrauern?

Nähert man sich dem Heiligtum des Santiago von der Südseite und steht vor der weit weniger aufwendigen Puerta de las Platerías, muss man unwillkürlich an die Calvaires der Bretagne denken. Eine passende Assoziation vielleicht – oder doch nicht? Als die Revolution ausbrach, versteckten die bretonischen Bauern die Figuren ihrer Kalvarienberge auf ihren Höfen, um sie vor Plünderern in Sicherheit zu bringen. Aber als alles vorüber war, gelang es ihnen manchmal nicht mehr, sie wieder richtig zusammenzustellen, und so stehen sie jetzt klein neben groß, statisch neben bewegt. Und Ähnliches ist den vielen Figuren am Tor der Gold- und Silberschmiede geschehen, die von den zerstörten frühromanischen Portalen im Norden und Westen der Kathedrale hierher versetzt wurden – steinerne Opfer der Barockisierung, die ein Asyl gefunden haben. Seltsam, dass allzu großer Reichtum einen ähnlich zerstörerischen Effekt haben kann wie eine blutige Revolution.

Ansonsten hatte die Kathedrale Glück. Die Pläne, den romanischen Bau zu zerstören und durch einen völlig neuen zu ersetzen, waren schon fertig, aber das Geld reichte nur für etliche Änderungen – und für die Westfassade, dieses grandiose Bühnenbild aus galicischem Granit zur Inszenierung des Einzugs der Pilgerströme. Die mächtige Treppe und darüber sich aufbauend die reiche Gliederung von Säulen und Ornamentik, in der höchsten Nische aber die Statue des heiligen Apostels, umgeben von seinen beiden Jüngern Theodorus und Athanasius und von weiteren Heiligen. Und wie er dort oben mit dem Pilgerstab steht, so empfing er als zentrale Gestalt des Pórtico de la Gloria, des figurenreichen Meisterwerks des Magister Matheus, seine Wallfahrer, die in den Kirchenraum einziehen. Er wird ihnen hier noch öfter begegnen. Als Kämpfer in der Schlacht von Clavijo in dem berühmten Tympanon über dem Grabmonument des Chorherrn Martín López und dann am Hochaltar über seinem Grab: der Pilger und noch einmal der Maurentöter und zuletzt die uralte Jakobsstatue, immer wieder erneuert und immer noch unverkennbar romanisch. Die Statue, die die Pilger küssen werden, zum Abschluss ihrer großen Fahrt.

St. Jakobus mit Pilgerstab empfängt die Pilger am Pórtico de la Gloria – ein beeindruckendes Werk des Magister Matheus.
Rechts: barocke Westfassade der Kathedrale von Santiago de Compostela.

AUF DEM WEG ZUM HERRN

Kathedrade in Astorga: Jesus heilt einen blinden Pilger.

SEHNSUCHT NACH DEM HEILIGEN ORT

Pilger sein, peregrinus, pèlerin – ein Fremder auf Erden sein, das Heil in der Fremde suchen, von einem Ausgangspunkt über viele Stationen zum Ziel. Pilger sein, wallfahren durch Mühsal und Gefährdung zu einem erhofften Paradies – davon wussten schon die Alten, wenn sie auszogen, nach dem oberägyptischen Theben und nach Ephesos in Kleinasien, nach dem phokischen Delphi, nach Bethel, zur Bundeslade, zum Tempel in Jerusalem. Und Jahrhunderte später sollten die Muslime auf ihrer Haddsch nach Mekka ziehen.

Schon Abraham war ein Pilger gewesen, und er war es auf vielfache Weise: als er dem Ruf Gottes folgte und seine Heimat verließ. Als er an bestimmten Orten Altäre errichtete, heilige Stätten, Wallfahrtsziele einer ihm unbekannten Zukunft. Als er auf Geheiß des Herrn mit seinem Sohn auf den Berg wanderte, auf dem einmal der Tempel stehen sollte, auf dem er sich bereit fand, Gott zu gehorchen und seinen Sohn zu opfern. Dass auch sein Grab zur Wallfahrtsstätte werden sollte, hat er wohl nicht geahnt. Auch der Auszug der von Moses angeführten Israeliten aus Ägypten war eine jahrzehntelange Pilgerreise mit einem Höhepunkt am Sinai und dem Ziel, dem „gelobten", dem „heiligen" Land, in dem eine von ihnen den Sohn Gottes gebären sollte. Auch die Heilige Familie ist mehrfach nach Jerusalem gezogen, wie das seit König Josia üblich war, und auch Jesus selbst pilgerte dorthin – und führte zwei seiner Apostel auf den Berg der Verklärung zur Gottesbegegnung. Einer von ihnen war Jakobus.

„Ihr sollt wissen, dass Ihr Pilger seid auf dem Weg zum Herrn", hat Augustinus gesagt – ein Gedanke, der auch dem Kirchenvolk von heute nicht fremd ist, wenn es singt: „Wir sind nur Gast auf Erden / und wandern ohne Ruh / mit mancherlei Beschwerden / der ewigen Heimat zu." Man könnte sagen: eine Pilgerfahrt aus dem Reich des Unbewussten zum eigenen Ich, von Wunsch zu Wunsch, von Erfahrung zu Erfahrung, durch Leid und Elend, durch Freude und Opfer hin zum Ziel, zur Erkenntnis Gottes – zu IHM. Pilgerfahrt als Sinnbild des Lebens.

Pilgern, Wallfahren, peregrinatio religiosa, das war auch im Christentum schon frühzeitig Brauch, man pilgerte zum Heiligen Grab nach Jerusalem, besonders nach der Auffindung des Kreuzes, man pilgerte, zumeist in Gruppen, zu Gnadenorten mit wundertätigen Reliquien oder Heiligenbildern – man pilgerte zum heiligen Jakob nach Compostela. Und es gab die verschiedensten Motive, um mit dem Heiligen in direkten Kontakt zu treten, so lang und so mühselig auch der Weg zu ihm war. Sankt Jakob besaß außerordentliche Fähigkeiten, er machte Blinde sehend und gab Tauben ihr Gehör zurück, er war für Besessene, Gichtkranke, für Körperbehinderte jeglicher Art der ideale Arzt – von ihm war also Heilung zu erwarten, einer der wichtigsten Gründe für eine Wallfahrt. Und viele, die das Geschenk der Heilung oder einer anderen göttlichen Hilfe durch die Vermittlung des Heiligen bereits erfahren hatten, machten ihre Wallfahrt zum Dank dafür.

ALTES PILGERLIED

Bevor ich losziehe,
Mach ich als weiser Mann,
Was so ein Weiser
Nur machen kann.
Ich beichte reuig
Und bekomm als Beweis
Ein Papier meines Pfarres
Mit auf die Reis.

ALTES PILGERLIED

Eh' ich die Reise beginne,
Tut es not, dass ich mich
Auf mich selber besinne.
An die Mauer stoße, bis diese fällt
Und mich nicht mehr
Gefangen hält.
In Zeiten der Sünde
Bin ich gefangen.
Sobald ich mich auf dem Bußweg befinde,
Werde ich Hilfe erlangen.

Ein anderer Grund – unserer Zeit, in der das Sündenbewusstsein einen ganz anderen Stellenwert einnimmt als damals, nur noch wenig vertraut – ist der Wunsch nach dem von der Kirche verheißenen Ablass als Lohn für alle Opfer und alle Gebete. Ein Wunsch, der auch so manchen Ritter dazu trieb, sein Leben gegen die Mauren einzusetzen. Und einem ganz anderen Motiv als der Angst vor Strafe entspringt das Verlangen des Pilgers, Christus in Liebe nachzufolgen, und das nicht nur wie im Heiligen Land, um die Steine zu berühren, die der Erlöser berührt hat, sondern auch auf diesem Weg der Schmerzen und der Entbehrung.

Es gab aber auch eine große Zahl von Pilgern, denen nicht ihr eigenes Gewissen die Wallfahrt als Buße für ihre Vergehen aufgab, sondern der Beichtvater. Und zu gewissen Zeiten war es auch manchem Richter für vernünftiger und in Bezug auf die Besserung ihrer Delinquenten auch effizienter erschienen, diese ihre Strafe lieber auf dem Pilgerweg abbüßen zu lassen als in irgendeinem Gefängnis.

Es gab aber auch Pilger, die im Auftrag anderer nach Compostela reisten, denen es nicht möglich war, sich selbst auf den Weg zu machen; sei es, dass sie körperlich nicht dazu fähig, sei es, dass sie gar schon tot waren und in ihrem Testament für einen Ersatzmann gesorgt hatten. Wobei es allerdings keinerlei Informationen gibt, wer von den beiden bei diesem Handel den erwarteten Lohn im Himmel einheimste.

Nicht zuletzt gab es auch damals schon Pilger, die aus eingestandenem Fernweh, aus Reise- und Abenteuerlust sich auf den Weg machten oder es daheim einfach nicht mehr aushielten – und die zählten wohl zu einer ähnlichen Kategorie wie der Erzbischof Hugo von Lyon, der einem für ihn gefährlichen Konzil in eine Pilgerfahrt auswich, oder wie der kleine verschuldete Schneider aus der Picardie, der aus Angst vor seinem Gläubiger zu Sankt Jakob flüchtete.

Portal der Kathedrale Saint-Trophime in Arles. Detail: Traum der heiligen drei Könige (um 1190).

Vielen von ihnen aber ist eines gemeinsam: die Sehnsucht nach dem „heiligen Ort", nach der Nähe der Reliquien, unterwegs und am Ziel, die Sehnsucht nach dem Mysterium. Der Ausbruch aus der zeitlichen Wirklichkeit in Bereiche des Ewigen. Und vielen von ihnen ist auch ein Zweites gemeinsam: dass sie als andere, als für ihr zukünftiges Leben Gewandelte aus Santiago zurückkommen. Eine Erfahrung, die auch Jakobspilger heute, gleichgültig wie weit sie gegangen oder gefahren sind und unter welchen Umständen, auch für sich immer wieder bestätigen: „Nach diesem Weg ist alles anders."

VENERANDA DIES – BLÜTEZEIT DES PILGERWESENS

Die Bedingungen, unter denen Pilger nach Santiago zogen, waren so unterschiedlich wie die Volksschichten, aus denen sie kamen. Die einen waren zu Pferd, von einem mehr oder weniger großen Tross umgeben, der ebenfalls pilgerte und gleichzeitig darauf bedacht war, seiner Herrschaft die außergewöhnliche Reise so erträglich wie möglich zu machen – wobei auch viele geistliche Herrschaften ihren christlichen Mitbrüdern keineswegs ein Vorbild waren. Die anderen, und das war naturgemäß die Mehrheit, wanderten zu Fuß, mit oft elendem Schuhwerk, das manchmal schon nach wenigen Tagesreisen zerfiel und nur schwer oder gar nicht ersetzt werden konnte. Die begehrtesten Handwerker unterwegs waren die Schuster, die auch an Sonntagen arbeiten durften, und auch die Pfleger, Laien und Mönche hatten von früh bis spät zu tun. Und nicht nur mit Blasen bedeckte, geschwollene, von Steinen und Dornen aufgerissene Füße waren zu kurieren. Die ersten Ärzte tauchten hier erst im 16. Jahrhundert auf.

Diese Pfleger waren es, die typische Kleidung trugen, die wir an den Darstellungen des heiligen Jakob als Pilger noch überall an Portalen und Kirchenwänden sehen können, den Mantel, den Hut, die Tasche, die Muscheln, den Kürbis. Auch der Pilgerstab war bei ihnen nur ein zurechtgeschnitzter Stock mit einer Spitze aus Eisen als Waffe. Beileibe nicht das modische Schmuckstück, das man bei der Öffnung des Grabes der Königin Isabella von Portugal gefunden hat: über und über mit Jakobsmuscheln verziert und mit vergoldeten Messingplatten beschlagen. Mag sein, dass ein späterer Kavalierspilger wie der Rheinländer Arnold von Harff für seine Zeit realistischer dachte, wenn er den Zeitgenossen empfahl, möglichst viel Geld mitzunehmen, um von den Mitmenschen unabhängig

Wirtshausschild in Vézelay mit Pilger in traditioneller Kleidung.

Pilger mit Stab. Mudejar-Malerei im Kloster Santo Domingo de Silos.

Trinkflasche und gutes Schuhwerk waren neben dem Stab wichtiger Bestandteil der Pilgerausrüstung. Kloster San Salvador de Leyre.

zu sein, und möglichst in gut ausgerüsteter Gesellschaft zu reisen. Denn gerade in seinem fortgeschrittenen 15. Jahrhundert waren die Gefahren durch Räuber, Diebe und Betrüger weit größer als noch zu Zeiten des Aimeric Picaud. Auch die einst so gut organisierten Institutionen für Nächtigung, Verpflegung und soziale Betreuung hatten damals bereits um einiges gelitten, parallel zu der Entwicklung, dass zu einer Pilgerfahrt nach Santiago aus religiösem Impetus immer mehr weltliche Motive kamen.

Aber nirgendwo kann sich das Heilige ereignen, ohne dass sich darum auch Missbrauch und Gemeinheit ranken, und schon der Verfasser der bereits erwähnten Predigt „Veneranda dies" aus dem 12. Jahrhundert, der Blütezeit des Pilgerwesens am Jakobsweg, hatte Anlass genug zur Klage. Schon die Pilger selbst dürften, wie seine ständigen Ermahnungen erkennen lassen, sich längst nicht mehr so benommen haben, wie es einem Pilger ansteht. So sollten sie doch endlich wieder an den Herrn denken, der seine Apostel ausgesandt hatte mit den Worten: „Steckt nicht Gold, Silber und Kupfermünzen in euren Gürtel. Nehmt keine Vorratstaschen mit auf den Weg, kein zweites Hemd, keine Schuhe…" Und wenn sie Geld mitnahmen, dann nur, um es den Armen zu geben und nicht, um üppig zu essen und zu trinken. Wie den ersten Mitgliedern der Gemeinde Christi sollte auch den Pilgern alles gemeinsam gehören, und es war die schwerste Sünde, wenn einer satt und trunken war und der andere hungerte. Was geteilt wird, erstrahlt im doppelten Glanz.

So sollten sie auch nicht großartig auf Pferden einherreiten, Jesus war auch nur auf einem Esel nach Jerusalem geritten, und der heilige Jakob hatte sich ohne Geld und ohne Schuhe auf seine Pilgerfahrt gemacht. Wehe also denen, die mit ihrem Geld und allem, was es ihnen bot, Trunkenheit und Ausschweifungen, unzüchtige Lieder singend, zu den Gräbern der Heiligen gingen!

Auch sollte die Pilgerfahrt schon rechtmäßig beginnen. Der Pilger sollte sein

Haus in Ordnung zurücklassen und alles für einen möglichen Todesfall regeln. Er sollte allen vergeben, die ihm Unrecht getan hatten. Er sollte bei seinem Weibe die Erlaubnis zu seiner Pilgerfahrt einholen und wenn nicht täglich, so wenigstens an Sonn- und Feiertagen die heilige Messe besuchen. Er sollte unablässig beten auf seiner Pilgerfahrt und alle Gelegenheiten zur Sünde meiden, er sollte Trunkenheit, Begierde und Streit vermeiden. Was für ein schreckliches Beispiel hatten doch die fränkischen und baskischen Pilger in der ehrwürdigen Basilika von Saint-Gilles gegeben, als sie, um den besten Platz in der Nähe des Heiligen zu ergattern, einander so lange mit Steinen und ihren Pilgerstöcken geschlagen hatten, bis zwei Tote zurückblieben!

Dennoch, trotz aller ihrer Schwächen, musste man die Pilger eindringlich warnen, denn überall auf dem Weg lauerten Gefahren, und schlimmere als durch wilde Tiere im Gebirge oder durch einen reißenden Fluss, über den es noch keine Brücke gab. Es waren die Menschen, die sich die Unerfahrenheit der Pilger zunutze machten, und je mehr Menschen den Weg bevölkerten und Hilfe und Unterstützung der hier Wohnenden brauchten, desto mehr Verbrecher und Unholde mischten sich unter sie. Und das waren nicht nur Räuber und Wegelagerer, die die Pilger überfielen, niederschlugen und beraubten, sie bedienten sich noch weit raffinierterer Methoden: Sie kamen ihnen bis zum Stadtrand entgegen und begrüßten und küssten sie, als wären das lange erwartete Verwandte, die endlich eintrafen. Sie boten ihnen ihr Haus an, versprachen ihnen die besten Dinge und gaben ihnen dann die schlechtesten, alte Fische, verfaultes, krank machendes Fleisch. Sie gaben ihnen zum Willkommen guten Wein zu kosten und gaben ihnen dann gegen Geld den schlechtesten.

Die Wirte aber waren die schlimmsten. Sie hatten falsche Wein- und Getreidemaße, und das versprochene Bett war zumeist nur ein harter oder halb verfaulter Strohsack, wenn die Gäste nicht entsprechend bei Kasse waren. Sie machten sie betrunken und beraubten sie, wenn sie schliefen, sie servierten manchmal sogar tödliche Getränke – und auch wenn ein kranker Pilger ohne ihr Zutun in ihrem Gasthof starb, behielten sie dessen Besitz, statt ihn an die Kirche oder an Arme weiterzugeben. Auch ihre Bediensteten waren mit ihnen im Bunde, sie vergossen das Wasser im Haus bis auf den letzten Tropfen, damit die Gäste des Nachts Wein kaufen mussten, wenn sie Durst hatten.

Pilger auf ihrem Weg. Stich nach Breughel aus dem 18. Jh.

Die Mägde schlichen, um Geld und „aus Hurerei", zu den Betten der Pilger, und überall gab es Dirnen, die auf die Pilger warteten – man müsste ihnen die Nasen abschneiden, um sie zu kennzeichnen! Bis Portomarín, keine 80 Kilometer vor dem heiligen Ort Santiago, trieben sie sich herum, um die Pilger in die Fänge des Teufels zu locken, und auf welche Art sie das anstellten, das wollte unser Gewährsmann erst gar nicht beschreiben.

Unerschöpflich war die Fantasie, mit der diese schlechten Menschen die harmlosen Pilger oft um den letzten Groschen brachten. An allen heiligen Orten, in Saint-Gilles, Saint-Léonard, Saint-Martin in Tour, standen Schlepper, die den ankommenden Pilgern die „besten" – in Wahrheit natürlich die schlechtesten – Gasthöfe der Privatquartiere empfahlen, und sogar die Wächter an den Altären waren Bundesgenossen der betrügerischen Wirte. Ganz gefährlich waren auch die, die sich als Pilger verkleideten, und die gab es überall zwischen Vézelay und Santiago. Sie hielten den Pilgern schon unterwegs erbauliche Vorträge und nahmen ihnen dann auch die Beichte ab – aber das Bußgeld oder das Geld für Messen, für 13 oder gleich auch für 30, wenn die Sündenlast besonders schwer drückte, steckten sie in die eigene Tasche.

Andere wieder setzten sich an den Wegrand und taten, als wären sie krank, um Mitleid zu erregen und ihren Hut mit Almosen zu füllen. Sie gaben vor, stumm oder taub zu sein, einen Arm oder ein Bein verloren zu haben, sie bestrichen sich mit dem Blut eines Hasen oder färbten sich Lippen und Wangen schwarz, um abstoßende Krankheiten vorzutäuschen.

ALTES PILGERLIED

Wir sind mit unserem guten Geld
An Spaniens Grenze gezogen.
Da haben sie uns gleich hinter Bayonne
Mit dem schlechten Geld betrogen.

Natürlich gab es auch überall Geldwechsler, die das Silber mit falschen Gewichten wogen, die mit Falschgeld wechselten und während des Wechselns ihre Kunden bestahlen. Natürlich gab es auch Händler mit Waren jeglicher Art, die mit falschen Maßen und falschen Gewichten betrogen, Gewürzkrämer mit schlechten, oft verfaulten Gewürzen. Natürlich gab es auch Ärzte, die in ihre Medizinen allerlei billiges Zeug mischten, damit diese mehr wogen und mehr kosteten, und auch die Zöllner in Ostabat oder in Saint-Jean-Pied-de-Port taten eifrig mit, um den Pilgern das Geld aus der Tasche zu ziehen: Sie verlangten einfach mehr als vorgeschrieben war. Und das Schändlichste war, dass diese Gauner noch dafür sorgten, dass auch ihre Kinder das alles lernten, und sie darum nach Le Puy, nach Saint-Gilles, nach Tours, nach Piacenza, Bari und Rom schickten. Denn dort gab es eigene Schulen für dieses schändliche „Handwerk".

Der manchmal ganz verbitterte Gewährsmann hat wohl Recht, wenn er meint, dass es auf den Wegen des heiligen Jakob Unrecht und Betrügerei im Überfluss gab. Dennoch scheint er als Christ noch Hoffnung zu haben, dass alle die betrügerischen Wirte und Händler und Zöllner doch einmal ablassen würden von ihrem sündhaften Tun, und dass Gott sich auch ihrer erbarme werde.

SKLAVEN UND JAKOBSBRÜDER

Natürlich versuchten die verschiedensten Obrigkeiten, die Pilger möglichst vor allen Gefahren zu schützen, und es gab schon damals so etwas wie ein internationales Recht, auf das sie sich überall, wo sie hinzogen, berufen konnten. Sie durften sich überall auf nordspanischem Gebiet frei bewegen, zahlten kein Wegegeld und keinen Zoll und dieselben Preise für Waren wie die Einheimischen. Es war genau geregelt, was mit dem Besitz eines unterwegs Verstorbenen geschehen sollte, und seit dem 1. Laterankonzil wurde jeder, der einen Pilger bestahl, exkommuniziert. Schon die Kleidung, die sie trugen, verlieh ihnen einen gewissen Schutz, und der Geleitbrief des Bischofs oder des Pfarrers der Heimatgemeinde mit Bestätigung der Unbescholtenheit und des rechten Glaubens trug Unterschrift und Siegel. Ein Pilger nach Santiago zu sein, war schließlich eine Auszeichnung, und jeder, der die Möglichkeit hatte, war verpflichtet, ihn aufzunehmen und zu bewirten. Schon Jesus hatte gesagt: „Wer euch aufnimmt, nimmt mich auf."

Freilich, auch die strengsten Gesetze und Verordnungen wurden dauernd übertreten, und es brauchte auch keine Menschen, um den Jakobsweg zu einem mühsamen und gefährlichen, manchmal lebensgefährlichen Unternehmen zu machen. Dazu genügten schon die unweg-

Unwegsame Natur und widrige Wetterbedingungen machten die Reise auf dem Jakobsweg zu einem gefährlichen Unternehmen. Unwetter über der Sierra de Silos.

787 Kilometer von Roncesvalles bis Santiago – durch Schneestürme in den Bergen und die brütende Hitze der Meseta…

same Natur, Klima und Jahreszeiten, die brütende Hitze über der Meseta vor dem ersten Gewitter oder die eisigen Stürme über den Bergen von Aubrac oder dem Cebreiro. Dazu genügten wilde Tiere und giftige, unbekannte Insekten und die oft nur unvollkommen hergerichteten steinernen Wege, die die Sohlen aufrieben und die Knöchel zerschlugen. Dazu bedurfte es allein der unendlichen Strecke zu Fuß: 787 Kilometer von Roncesvalles bis Santiago, etwa 1800 von Süddeutschland bis dorthin, Tagesstrecken von 20, 30, von 40 Kilometern. Da gibt es die verschiedensten, einander widersprechenden Etappenverzeichnisse, von Caumont-sur-Garonne bis Roquefort – neun Meilen, von Villafranca nach Burgos – acht Meilen, von Portomarín nach Palas de Rey – sechs Meilen, Krücken, an denen sich einer festhält, der nicht mehr weiß, wie lang er noch weiterkann.

Zur Schneeschmelze oder nach Gewittern führten die Flüsse Hochwasser und rissen alles fort, was der Wegmacher mühsam aufgebaut hatte, und dann konnte es lange dauern, bis eine neue Furt gefunden war. Geschichten von gefährlichen Flussübergängen und schwankenden, zusammenkrachenden Holzbrücken, von Pferden, die abgetrieben werden, von zerbrechlichen Booten, Baumstämmen und Fährleuten, die dann doch noch einige Pilger gerettet haben, sind Legion. Natürlich ist manchmal der heilige Jakob zu Hilfe gekommen – und manchmal war auch ein gefoppter Teufel dabei.

ALTES PILGERLIED

Als wir die schwankende Brücke betraten,
Deutsche, Wallonen, so dreißig Mann,
Da kam's, dass wir einander flehentlich baten:
Mein Freund, geh' du doch voran!

Ähnliche Schrecken hatten die Pilger zu Schiff: der Ozean, Stürme, Schiffskatastrophen – und oft waren in ihrem Fall auch wieder die lieben Mitmenschen daran beteiligt. Bis zur Hälfte des 12. Jahrhunderts waren es almoravidische Piraten, die die Mittelmeerküsten unsicher machten und Sklaven und andere Beute heimbrachten, später blieb es Kaperschiffen aus christlichen Ländern vorbehalten, den Pilgern zur See das Leben schwer zu machen. Sklaven sollten noch lange gefragt sein und nicht nur in Konstantinopel, und was dem Juwelierssohn Jacques Lemesre aus Lille geschah, der 1658 nach Santiago aufgebrochen war, um die Gesundung seiner Mutter zu erbitten, das ist nur ein Schicksal von Tausenden. Er geriet in die Hände von Seeräubern und landete als Sklave in Konstantinopel, wo er drei Jahre verschollen blieb. Sein türkischer Herr muss den jungen Burschen geschätzt haben, und er hätte ihm sogar die Freiheit geschenkt, wäre Jacques nur bereit gewesen, den „wahren", den muslimischen Glauben anzunehmen. Inzwischen wurde überall nach ihm gesucht, und das Ende klingt wie ein Märchen oder ein Opernlibretto – oder ein Wunder. Eines Tages wird der junge Mann völlig unerwartet von einem Franzosen angesprochen, ob er einen Jacques Lemesre kenne – und wenig später kann er im Laderaum eines französischen Frachtschiffes die Heimreise antreten.

Auch die heiligmäßige Bona aus Pisa wurde, gerade als sie von der Wallfahrt aus Jerusalem zurückkehren wollte, gefangen genommen, verletzt nach Nordafrika verschleppt. Sie aber hatte mehr Glück als Jacques, schon wenig später wurde sie von Landsleuten freigekauft und widmete von nun an ihr Leben den Pilgern am Jakobsweg.

Zu den täglichen Sorgen der Pilger gehörte auch die Sorge ums tägliche Trinkwasser, darum die vielen Angaben in allen Berichten und Führern, welches Wasser aus welcher Quelle genießbar sei, darum die vielen Schauergeschichten um vergiftete Flüsse und vergifteten Fisch und verendende Pferde, die davon getrunken hatten. Dazu all die unbekannten Speisen der unbekannten Menschen, die hier lebten, „iss nie davon in Spanien oder Galicien" wird hier gewarnt. Das Ungewohnte, das Fremde scheint damals wie heute eines der Hauptprobleme der Reisenden ins Ausland zu sein. Es könnte den Magen verderben, es könnte Dauerfolgen nach sich ziehen – selbst wenn man in Gottes Hand pilgert.

Und es gab auch Folgen genug, man muss nur einige Krankheiten aufzählen, die die Hospize regelmäßig anführten, und die Pilger nicht wenig ängstigten. Obenan die verschiedensten Fußleiden, Koliken, Erschöpfungs- und Fieberzustände, dazu Seuchen wie Lepra, Cholera und Pest. Und was dagegen an Salben und Kräutern und Wässerchen, an Umschlägen, Klistieren, Schröpfköpfen und Wundermedizinen verschrieben wurde –

Seit dem 14. Jahrhundert gibt es Jakobsbrüderschaften, die im Namen der Nächstenliebe die Pilger unterstützen.

„Schwalbensteine" gegen Augenleiden, „Kreuzsteine" gegen Blutruhr und böse Geister des Nachts –, das wird sicher nicht allen Patienten das Gottesvertrauen eingeflößt haben, dessen sie zu ihrer Gesundung bedurft hätten.

Ein Hauptproblem aber war, den rechten Weg zu finden. Da es keine Landkarten gab, mussten die Pilger sich auf Führer verlassen, auf Bauern oder Hirten aus der Umgebung, auf Pilger in der Gruppe, die schon einmal hier gewesen waren, auf Erzählungen am vergangenen Abend in der Herberge. Es gab wohl die „Montjojes", kleine, aus Steinen aufgeschichtete Pyramiden, um die sich die Mönche und Wegmacher kümmerten, so gut es ging. Aber es gab im Winter auch Schneestürme, und dann hieß es oft tagelang mit den Stöcken danach stochern – wobei sich so mancher auch für immer verirrte. Irgendeinmal im Frühjahr trug ihn dann einer zum Friedhof.

Aber wenn sie dann alles glücklich hinter sich hatten und endlich wieder nach Hause kamen, die Muscheln aus Santiago auf Mütze und Tasche, begrüßt und umarmt und abgeküsst von Eltern und Kindern und Nachbarn, dann durften sie endlich ruhen. Sie legten ihr Gewand nicht gleich ab, das so viele Erinnerungen in sich barg, und zogen es auch später bei festlichen Anlässen immer wieder an und nahmen es zuletzt mit ins Grab. Es sei denn, sie hatten es schon vorher einer Kirche oder einer Abtei gestiftet oder auch einer Bruderschaft.

ALTES PILGERLIED

Er steht vor dem Schloss der Mauren.
Wie kommt man da nur hinein?
Man kleidet sich als Pilger
Und bettelt um Brot und um Wein.
Da öffnet sich das Fenster,
Eine Frau wirft ihm etwas zu,
Und er fängt und er schaut und erkennt
Escrivette, seine Gattin im Nu.

*Sie ist eine Sklavin des Schlossherrn
Und ruft: Seid unser Gast und trinkt Wein!
Und flüstert: Heut nacht schon, mein Liebster,
Wir werden geflohen sein –
Samt Gold und Edelstein.*

Diese Jakobs- und Santiagobruderschaften waren im 14. Jahrhundert entstanden und von Pilgern begründet worden. Die einstige Aufgabe der Könige und adeligen Herrschaften, der Abteien und vieler Privatleute, für die Hospitäler und Herbergen und die vielen anderen karitativen Einrichtungen zu sorgen, übernahmen jetzt allmählich sie, und wer zu ihnen gehören wollte, hatte gewisse Bedingungen zu erfüllen. Zuallererst musste er beweisen, dass er als Wallfahrer, und freiwillig, in Compostela gewesen war. Er musste unbescholten und ein frommer Christ sein, der dreimal im Jahr zur Beichte und zum Tisch des Herrn ging. Nur ein Mitglied brauchte solche Beweise nicht zu erbringen, um in die Bruderschaft eintreten zu dürfen: ein auf dem Jakobsweg geborenes und getauftes Kind einer schon seit daheim schwangeren Mutter. Bei diesen eher bürgerlichen Vereinen fragte niemand nach Namen und Stand, da oblagen Adelige und Handwerker, Kleriker und Bauern gleichermaßen und gleichberechtigt der Pflicht, einander ebenso zu helfen wie dem Nächsten, der ihrer Liebe und ihrer Unterstützung bedurfte. Natürlich sollten sie auch die Verehrung des großen Apostels fördern, und dazu gehörten ebenso die Organisierung von Wallfahrten wie die Unterstützung Mittelloser, die anders nie nach Santiago gekommen wären.

Peregrinatio ad limina beati Iacobi, „Pilgerfahrt zu den Schwellen des seligen Jakobus" heißt es im Logo der Deutschen St.-Jakobus-Gesellschaft.

ALTES PILGERLIED

*Wir waren in Rabanal,
Da wurde mein Freund begraben.
Ich trauere sehr um ihn.
Ich kramte in seiner Tasche
Und fand ein Stück Papier
Für den Brief an die Eltern.
Ich schrieb ihn, den Brief.*

Und Jakobsbruderschaften mit ähnlichen Zielen gibt es auch heute wieder: Die „Société des Amis de Saint-Jacques de Compostela" in Paris hat schon in vielen Ländern Schule gemacht, und wer mehr wissen will über den Jakobskult einst und jetzt, der wendet sich an die „Deutsche St. Jakobus-Gesellschaft" in Aachen, Tempelhoferstraße 21. Und wer es nicht wagt, eine Pilgerfahrt nach Santiago auf eigene Faust zu riskieren, der erkundigt sich bei katholischen Pfarr- und Bildungshäusern.

GOURMETS UND KAVALIERSPILGER

Was wir heute über den Jakobsweg wissen, das verdanken wir keineswegs nur dem Pilgerführer des „Liber sancti Jacobi". Auch wenn dieser der bekannteste, wohl auch der gründlichste und der am meisten zitierte ist. Da gab es noch andere, die nach ihrer Pilgerfahrt zur Feder griffen oder andere niederschreiben ließen, was sie erlebt, gesehen und erzählt hatten. Man könnte bei solcher Lektüre zwar manchmal denken: Wie sich die Erfahrungen gleichen! und sich fragen, ob da nicht mancher von anderen abgeschrieben hat. Aber das bestätigt uns einerseits nur die Kontinuität dieser großen Pilgerfahrt durch die Jahrhunderte, die Kontinuität von Plagen und Widerständen, von Ergriffensein, Verzweiflung und Seligkeit. Und zeigt uns andererseits, auf welche Weise in einer inzwischen so veränderten Welt ganz andere Menschen als der Strafprediger von „Veneranda dies" ihre Individualität einbringen durften. Getreue Spiegelbilder Hunderttausender Wallfahrer unterwegs.

Die Ratschläge des Elsässers Johann Geiler von Kaysersberg, der Mitte des 15. Jahrhunderts sein Buch „Der Pilger" verfasste – es ist neben dem Original einer Pilgerkleidung von damals im Germanischen Nationalmuseum von Nürnberg zu besichtigen –, ähneln in Vielem denen des Vorgängers von vor 300 Jahren. Die gleichen Empfehlungen, das Testament zu machen, bevor man von daheim Abschied nimmt, gutes Schuhwerk, Arzneien und ein Feuerzeug nicht zu vergessen. Der gleiche priesterliche Rat: „Unsere Pilgerschaft sollten wir vollbringen mit geistlichen Freuden im Lob Gottes und in der Haltung seiner Gebote." Zu letzterer Kategorie von Ratschlägen gehört wohl auch, man möge den Gastwirten gegenüber Geduld üben und sich ohne Widerstand verspotten lassen.

ALTES PILGERLIED

Die Frauen tragen viel Schmuck im Haar,
Dass es aussieht wie Bischofshauben.
Sie tragen gestreifte Mäntel gar
Und dürfen sich alles erlauben.

Auch der Servitenmönch Herman Künig aus Vach warnt vor Betrügern und gibt allerlei nützliche Ratschläge, was Unterkünfte, Geldwechsel, Zolltarife, günstige Wasserstellen und die zahlreichen Reliquien unterwegs betrifft. Er beschreibt in seinem 1494 erschienenen Buch „Die Walfart und Straß zu sant Jakob" mit Fleiß und Akribie die wichtigsten Stationen von Einsiedeln über Luzern, Fribourg, Lausanne und Genf, er führt den Pilger durch Savoyen und das Rhônetal entlang, nach Valence und Nîmes. Eine wichtige Ergänzung zu den Streckenbeschreibungen etwa des Aimeric Picaud, und besonders für Deutsche, Schweizer und Österreicher.

Anderen Pilgern wie dem schon erwähnten Schneider aus der Picardie mit Namen Guillaume Manier oder dem Gerber Jean de Tournai aus Nordfrankreich oder dem „Luftikus" Bonnecaze aus Paradies-en-Béarn dürfte eine ernsthafte Darstellung dessen, was sie erlebt, erlitten haben und bestaunen durften, kaum weniger am Herzen gelegen sein. Ihnen aber scheint eine Grundstimmung zu eigen, die über die trockene, humorlose Darstellung der banalsten wie der heiligsten Dinge hinaus- und auf Distanz geht. Tägliche und nächtliche Unbill, die eher als Abenteuer genommen wird. Auch sie berichten über schreckliche Zustände am Camino, von Gastwirtschaften ohne Heizung, in denen man selber kochen muss, um nicht verhungern zu müssen, wovon schon die ältesten Pilgerlieder singen; von harten Strohsäcken und zerschlissenen Leintüchern, die man keinem Hund unterlegen möchte – aber erst ihnen, dem Gerbermeister und seinem Gefährten, dem Priester Sire Guillaume, fällt es ein, dies zum Thema einer zwar deftigen, aber raffiniert ausgeklügelten Rache zu machen. Und dann breit und behaglich zu erzählen, als wär's die schönste Legende. Wie die beiden von gastwirtschaftlichem Geiz Gequälten nächtlicherweise einer nach dem anderen ihr Wasser lassen, durch den schändlichen Strohsack hindurch, durch schadhaften Fußboden und brüchige Zimmerdecke, bis es auf die im Gefühl ihres guten Gewissens schlafenden Wirtsleute zu tröpfeln und zu tröpfeln beginnt..., die dann verzweifelt herumlaufen und vor den schlummernden Gästen zu rätseln beginnen, was da wohl undicht geworden sein mochte... Humor am Jakobsweg. Aber auch sie sind als brave Christen schockiert über das Dirnenun-

Titelseite des Pilgerführers „Die Walfart und Straß zu sant Jakob" von Herman Künig aus Vach.

wesen an der heiligen Straße, andererseits aber doch auch imstande, jenseits dieser abgründig hässlichen Facette des ewig Weiblichen ganz unbefangen von den Zöpfen der Mädchen aus Roncesvalles zu schwärmen, vom Zauber der schlanken Taille dieser Damen, und der Alabasterhaut zwischen schwarzer Spitze, die den sehnsüchtigen Ästheten entzückt.

Auch Ritter Arnold von Harff, der 1499 seine Reiseerfahrungen präsentiert, scheint die kontrastreichen Erscheinungsformen des Camino zu goutieren. Ein manchmal recht unbequemer Pilgersmann, der mit großem Gefolge, dickem Geldbeutel und neugierigen Augen durch Spanien zog und dank seines dif-

ferenzierten Appetits durchaus imstande gewesen wäre, seinem Buchdrucker auch einen frühen Gault-Millau zu liefern. Er ist der typische Kavaliersreisende seines Jahrhunderts, für den Compostela ein „hübsches kleines lustiges Städtchen" ist und der Pilgertag eine sportliche Herausforderung. Da er am Grab des Apostels vermutlich nichts erbitten zu müssen glaubte, oder nicht viel, wer weiß das schon so genau, hatte auch die Reliquie für ihn eine ganz andere Bedeutung als für die meisten Pilger. Er wollte mehr sehen als das, was man denen zeigte, und so forderte er mit dem Selbstbewusstsein des großen Herrn, alles zu sehen, was es da an heiligen Überresten gab – oder gab es das nicht? Er bot den Hütern des Heiligtums sogar einen gehörigen Batzen Geldes an, vergeblich. Man bedeutete ihm milde, aber mit einem gewissen drohenden Unterton, wer nicht an die Gegenwart des Apostels glauben wolle, der würde auf der Stelle wahnsinnig wie ein toller Hund, und damit musste er es bewenden lassen. Die Metallhülse zu berühren, in der der Pilgerstab des heiligen Jakob eingeschlossen war, damit die Pilger sich keine Späne mehr abschnipseln konnten, war wohl nur ein dürftiger Ersatz.

Im Januar 1489 war ein anderer Pilger, Jean de Tournai, vor der Reliquie gestanden, dem Haupt des heiligen Jakobus, wie ihm der Kirchendiener erklärte, dessen dazugehöriger Körper unter dem Hauptaltar eingemauert sei. Und wie anders klingt sein Bericht als der des rheinländischen Edelmannes! Er hatte auf seiner Pilgerfahrt schon einmal vor dem Leib des heiligen Apostels gebetet, allerdings in Toulouse, eine Doppelexistenz einer Reliquie also, die manch anderen in tiefe Zweifel gestürzt hätte. Jean de Tournai aber fällte, zumindest für sich selbst, ein salomonisches Urteil: In Toulouse befinde sich eben der Leib, in Santiago das Haupt.

Zwischen diesen Gegensätzen, der hartnäckigen Neugier des Deutschen und der Bereitschaft des Franzosen, Widersprüche zu versöhnen, lag das ganze breite Spektrum der Volksfrömmigkeit. Die Frömmigkeit all der Unzähligen, die nichts von dem niederschrieben, was ihnen geschah und was als großes Erlebnis in ihnen verschlossen lag.

ULTREYA SANTIAGO!

Wenn sie aufbrachen, läuteten alle Glocken. Sie hatten sich in der Kirche versammelt und erhielten den Segen, erhielten Pilgertasche und Wanderstab: „Nimm diese Tasche zum Zeichen Deiner Pilgerschaft – nimm diesen Stab, damit er Dich auf Deinem Weg stütze und Dich vor Feinden bewahre!" Sie sangen den Psalm: „Die auf den Herrn vertrauen, sind wie der Berg Sion; es wankt nicht in Ewigkeit, wer in Jerusalem wohnt…", und alle begleiteten die Pilger bis zum Ausgang des Ortes.

Sie hatten die Reise schon lange und sorgfältig vorbereitet und zurückgegeben, was sie unrechtmäßig besaßen, sie hatten sich die Beichte abnehmen lassen und sich mit ihren Feinden versöhnt. „Pro remedio animae meae" stand auf dem Testament – „zum Heil meiner Seele" –, nur Gott wusste, ob sie zurückkehren würden. Sie hatten die Zeit der Abreise so gewählt, dass sie im Frühjahr, im Sommer zu den Pyrenäen kamen, wenn die Pässe dort offen waren.

Manche der Pilger zogen allein, mit einem Freund, einem Nachbarn oder mit ihrer Frau, die meisten aber zogen in Gruppen zu Fuß, nur manche hatten ein Reittier mit. Viele hatten sich aus demselben Ort zusammengetan, aus derselben Umgebung und kannten einander schon

Manchmal erschreckend einsam, diese Straße, die kein Ende zu haben scheint und doch ein Weg ist, der ein Ziel hat.

lange. Viele machten sich zum ersten Mal auf den Weg, andere waren ihn schon einmal oder zweimal gegangen, waren schon in Jerusalem gewesen oder in Rom beim heiligen Petrus.

Nicht alle wussten, was ihnen bevorstand, und manche gaben auch schon nach wenigen Tagen auf. Sie konnten nicht mithalten mit dem Tempo der anderen und blieben zurück, rasteten einige Tage und zogen mit einer anderen Gruppe weiter, einen anderen, vielleicht weniger beschwerlichen Weg.

Für viele war dieser Pilgerzug ein Zug in eine fremde, ganz neue Welt, besonders für die, die aus entlegenen Gegenden kamen. Noch nie hatten sie solche Wege gesehen, so viele Menschen, die neben ihnen einhergingen und auf sie zukamen. Noch nie hatten sie solche Brücken gesehen, aus Stein, und manche Kapelle hier war größer und reicher als die Kirche im eigenen Dorf. Noch nie hatten sie so eine Straße gesehen, für die es kein Ende gab, so krampfhaft man auch den Horizont absuchte, nicht heute, nicht morgen, nicht in drei Monaten. Von der man wusste, dass sie ein Ziel hatte, von dem alle redeten und alle träumten und an dem viele nicht ankommen sollten. Eine Straße, an der Hunderte, vielleicht Tausende Menschen unablässig arbeiteten, damit sie die Straße blieb, die sie war, und immer noch schöner werde. Erschreckend einsam über lange Strecken, dann aber wieder gesäumt von einer Unzahl von Hütten und Läden und Werkstätten, von Lagerhäusern und Gasthöfen, von Hospizen und Hospitälern und Klöstern, von Kirchen und Kathedralen, als wollte jede Stadt, jedes Dorf mit allen anderen wetteifern. Türme und Gewölbe und Pfeiler, Strahlenkreuze und Kruzifixe, Engel, Kerzen und Licht, Silber und Gold und Reliquienschreine und die Berührung der Heiligen, Altäre und Tabernakel, Weihrauch und Pilgergesang – Pilgersein, irdischer Abglanz der Seligkeit, die jedem versprochen war, der diesen Weg bis zum Ende ging.

Nicht alle wussten, was ihnen bevorstand, so viele waren aus der Gewohnheit in die Fremdheit gegangen, aus einem Alltag mit hundert anderen Dingen, aus der Geborgenheit der Familie, der Zünfte und Gilden, des Gässchens hinter der Stadtmauer. Und jetzt erzählte man ihnen nicht nur Legenden der Heiligen, deren Reliquien sie besuchten, nicht nur von der möglichen Heilung ihrer Bresthaftigkeit, die sie mit sich trugen, nicht nur von den Wundern, die vor dem Bild, vor dem Wegkreuz dem oder jenem geschehen waren. Jetzt hörten sie auch die vielen Schauergeschichten aus dem Buch, aus dem ihnen die Mönche in der Herberge vorlasen. Wer auf diesem Weg war nicht in Gefahr, von falschen Führern auf falsche Wege gelockt zu werden? Wer auf diesen Wegen war nicht in Gefahr, betrogen, bestohlen, beraubt zu werden? Nicht die ehrbarsten Frauen unter den Wallfahrern waren sicher, nicht vor lüsternen Kavalieren und nicht vor Männern aus der eigenen Gruppe. Darum hatte sich ja auch die Hildegundis von Schönau auf ihrer Fahrt nach Jerusalem im Jahr des Herrn 1188 als Mann verkleidet – und wie viele andere taten es ihr nach, ohne dass man es wusste! Und so beteten wohl auch viele in ihrer Angst nicht nur um Gesundheit und um Erlösung von Schuld, sondern auch und vielleicht noch öfter um Schutz und Sicherheit auf dem heiligen Weg.

Welcher heutige Tourist würde unter solchen Umständen die Fahrt in ein fernes Land riskieren, wo doch schon jede Schauernachricht von Taschendiebstäh-

Brücken und Kirchen, Hospitäler und Kirchen reihen sich am Jakobsweg – sie bewahren wie eine kostbare Schnur die Gedanken an eine passionierte Frömmigkeit.

len und aufgebrochenen Autos die Fremdenverkehrsziffern purzeln lässt! Trotz Vollkasko, Rechtsschutz und Rückholdienst. Allerdings müsste man heute auch lange nach jenem Ausmaß an Barmherzigkeit suchen, die damals in vielen Hospizen, wenn auch nicht überall, zu finden war. In den Häusern der „Hospitaliter" heißt es, wurden die Kranken weit besser ernährt und behandelt als die Ordensbrüder selbst. Und wenn man in Compostela eine Verordnung für notwendig hielt, die die Aufnahme von Leprösen und Pestkranken verbot – was hieß das anderes, als dass die frommen Pilger bis dahin keine Mühe und keine Gefahr gescheut hatten?

Wenn sie am Abend erschöpft in die Herberge kamen, dann erwarteten sie, so heißt es aus der Glanzzeit des Wallfahrens, schon am Tor die Brüder und Schwestern. Sie boten ihnen Platz an, wie es Lot beim Empfang der Engel getan hatte, und wuschen ihnen die schmerzenden, schrundigen Füße wie Christus am Vorabend seines Leidens seinen Aposteln. In Aubrac gab es warmes, wohltuendes Wasser.

Sie hatten mehrere Möglichkeiten zur Rast, für eine Nacht oder für mehrere Tage. Wenn sie Geld hatten, mieteten sie sich in Gasthöfen ein, für Geld konnte man seine Rechte einfordern und schlimmstenfalls das Gesetz anrufen. Oder sie vertrauten sich der Barmherzigkeit von Menschen an, die am Camino wohnten. Sie brachten schwere Opfer, sie leisteten Verzicht auf fast alles, was der Mensch im gewöhnlichen Leben eben fordert, um glücklich zu sein. Und das war damals ein hoher Wert. „Ein Gebet in Compostela" war ein großzügiger Dank für ein Almosen oder ein Nachtlager.

Die meisten gingen in eines der vielen Hospize, die von Ordensgemeinschaften und Privatleuten gebaut worden waren, von Pilgern, die sich hier angesiedelt hatten, und Königen. Einige waren reich ausgestattet, andere ärmer, es gab kleine und größere, das Hospiz von Burgos war wie eine ganze Stadt und konnte 2000 Personen aufnehmen. Sie hatten sich freiwillig in die Rolle des Räuberopfers von Jericho begeben, sie waren ein täglicher Anlass für ihre Brüder, Samariter zu sein. Und wenn sie nicht lange rasten und weiter wollten, dann gab es selbst in der Nacht noch Öffnungen in der Stadtmauer, durch die ihnen ein Imbiss gereicht wurde. Überall gab es Almosenhäuser, das an der Kathedrale von Pamplona war weithin berühmt, wie Herman Künig schrieb, und fast zweihundert Jahre später machte der Pfarrer aus Bologna, Domenico Laffi, die gleiche Erfahrung.

Wenn einer der Pilger unterwegs starb an der Kälte oder am Fieber, an einem Wolfsbiss und an der Verzweiflung – fast jedes größere Spital hatte einen Friedhof gleich nebenan. Sie wurden in ihrem Pilgergewand begraben und man kreuzte ihnen die Hände über dem Stab und legte eine Muschel dazu.

Viele fluchen, aber viele werden von ihren Gebeten begleitet den ganzen Tag, von Litaneien und Psalmen, vom Paternoster, drei Aves, dem Stoßgebet: „Herr,

Seit dem 14. Jh. bestätigt die „Compostela", dass der Jakobspilger seine Pflichten „ordnungsgemäß durchgeführt" hat. Heute erhält die Urkunde, wer mindestens die letzten 100 km auf dem Camino zu Fuß oder 200 km per Rad zurückgelegt hat.

CAPITULUM hujus Almae Apostolicae et Metropolitanae Ecclesiae Compostellanae sigilli Altaris Beati Jacobi Apostoli custos, ut omnibus Fidelibus et Peregrinis ex toto terrarum Orbe, devotionis affectu vel voti causa, ad limina Apostoli Nostri Hispaniarum Patroni ac Tutelaris **SANCTI JACOBI** convenientibus, authenticas visitationis litteras expediat, omnibus et singulis praesentes inspecturis, notum facit: hoc sacratissimum Templum pietatis causa devote visitasse. In quorum fidem praesentes litteras, sigillo ejusdem Sanctae Ecclesiae munitas, ei confero.

Datum Compostellae die 12 mensis Julii anno Dni 1999. — Annus Sanctus —

Secretarius Capitularis

wie du willst!" Das ist es, so sagt man, was die Pilger von den anderen Reisenden unterscheidet. Und die Nachtwachen in den Kirchen: sich hinlagern im aufgeschütteten Stroh und auf die Reliquie starren, wie ihr Silberkleid im Kerzenlicht flackert. Auf die Legende hören, die einer erzählt, bis die Augen schwer werden.

Die Wenigsten konnten lesen, aber sie „lasen" die Bibel fast jeden Tag: in einem Kreuzgang, vor einem Kirchenportal, Worte aus Stein gemeißelt und mit Farben auf Wände gemalt. Fast jeden Tag „lasen" sie ein neues Kapitel – oder immer dieselben? Es klang nur ein bisschen anders, als wäre es einmal von Markus und einmal von Lukas und einmal vom Lieblingsjünger des Herrn. Wie der Engel zu Maria geflogen kommt und wie die Hirten erschrecken. Wie Jesus in den Himmel auffährt und der „dumme" Apostel Thomas seinen Freunden nicht glaubt. Wie der Teufel lacht und die Verdammten schreien.

Was ist dagegen die Predigt des Pfarrers am Sonntag! Hier blättern sie von Seite zu Seite und können die Menschen von damals sogar manchmal berühren, Kleider, wie die Pilger sie tragen, ihre Gesichter und die gleichen abgearbeiteten Hände. Aus hundert Augen schaut man sie an und sagt: Komm mit uns, Pilger! Komm mit unter die Ölbäume! Aber schlaf nicht wie wir, während ER Angst hat! Wache und bete! Leugne nicht, wenn der Hahn kräht! Du hast keine Ausrede, dass du noch nicht weißt, was da geschieht und wozu. Verzweifle nicht, weil ER fort ist! Du kennst schon das Ende, den Tod und die Auferstehung. Du hast es leicht, wenn du willst, du weißt, du bist schon erlöst.

So reden sie jeden Tag zu jedem, der an ihnen vorbeigeht und ihre steinernen Stimmen hört. Dazu sind sie geschaffen, dazu hat man sie aus dem Stein gelöst, dazu haben sie Sonne und Regen und Sturm überdauert. Was für eine Botschaft über viele hunderte Meilen hinweg! Und das alles, glücklicher Pilger, für Dich!

Alles schmerzt, alles wird müde, die Muskeln verkrampfen sich, und die Gebete verstummen. Man möchte rasten, sich einfach ins Gras fallen lassen, aber man schleppt sich weiter, noch sind viele Kilometer zu gehen bis zum Abend. Man denkt an den Friedhof im letzten Ort und hat Angst. Was wird im nächsten Ort sein? Der Weg, das Leben, der Tod,

In Santiago de Compostela angekommen, legen die Pilger ihre Hand am Pórtico de la Gloria der Kathedrale in die steinerne Wurzel Jesse – seit dem Mittelalter besteht dieses Ritual, das Fürsten, Bauern, Mönche, einfache Bürger und Menschen von heute vereint.

wie nahe das alles beisammenliegt, wie oft man hier daran denkt. Was alles war daheim wichtig gewesen! Der Beruf, die Werkstatt, der Geldbeutel des Nachbarn. Jetzt ist es der nächste Schritt, die Gnade des Heiligen hinter dem Silberschrein, die Messe am kommenden Morgen und die Hostie auf der Zunge.

Aber Pilgern ist Buße, und je mehr es Angst macht und schmerzt, desto besser. Und manchen genügt es immer noch nicht, was der steinige Weg ihnen antut. In der Charente ist ein Stein, daran rieben die vorüberziehenden Pilger ihre Finger so lange, bis es blutete und das Fleisch zu sehen war. Und Bona aus Pisa trug aus freien Stücken ein Büßerhemd und darunter direkt auf der Haut schwere Ketten wie ein verurteilter Mörder. Es gab Fälle, da zogen Pilger den langersehnten Augenblick der Ankunft in Santiago noch um Wochen hinaus und blieben, wenn sie gebraucht wurden, einer zur Weinernte, einer, weil die Kirche angemalt werden musste. Sie arbeiteten beim Straßenbau, beim Renovieren von Brücken und Schutzhütten, und Pilgerinnen halfen in den Hospizen, wenn zu viele Kranke da waren. Es gab in Galicien keinen Kalk zum Bauen von Häusern,

Der Botafumeiro, ein großes Weihrauhfass, rauscht bei feierlich-liturgischen Anlässen durch das Querschiff der Kathedrale von Santiago de Compostela – mit reinigender Wirkung. Johannes Paul II. deutete es als Zeichen der inneren Reinigung, der Pilger sei ein „neuer Mensch" geworden, dieses Zeichen steige mit dem Weihrauch zum Herrn auf.

so war es Brauch geworden, dass jeder Pilger, der durch Tricastela zog, sich hier einen Kalkstein auf die Schulter lud und ihn 80 Kilometer weit bis zu den Öfen von Castañeda schleppte.

Eines Tages aber wussten sie es, Compostela war nicht mehr weit. Lavamentula hieß der kleine Fluss, er lag an einem bewaldeten Ort, und dort zogen sich alle nackt aus und badeten und wuschen sich den ganzen Körper aus Liebe zum heiligen Jakob. Und am nächsten Tag gab einer ein Zeichen, und alle erkannten die Anhöhe und begannen zu laufen und riefen: Vorwärts! „Ultreya!" Und wer als erster den Gipfel erreichte, durfte sich König nennen, denn er hatte den Gipfel des Monte del Gozo erreicht, des Montjoie, des Berges der Freude, und von hier oben konnte man Santiago das erste Mal sehen. Weinend fielen sie in die Knie und küssten den Boden, dann gingen sie auf die Stadt zu und sangen ihre Pilgerlieder und jubelten ihre Gebete. Wer zu Pferd war, stieg ab, und viele entledigten sich ihrer Schuhe, was hatte da noch der Schmerz zu bedeuten!

Am Karfreitag des Jahres 1137 war Willhelm von Aquitanien, der glückliche Herzog, hierher gekommen wie sie, und mancher von ihnen mochte jetzt an ihn denken, denn seine Geschichte war allen bekannt. Er war eingezogen in das Gotteshaus, wie sie jetzt einziehen werden, er hatte die Sakramente empfangen und war an den Stufen des Altars über dem Grab des Apostels – selig entschlafen. Konnte es einen gnädigeren Tod geben als eben hier am Ende des langen Weges? In eben dem Augenblick, in dem das Ziel der Reise und das Ziel des Lebens zusammenfielen?

Die Pilger aber drängten in Scharen durch die Straßen der Stadt, und zu Ostern und zum Michaelsfest waren es besonders viele. Sie ergossen sich über den Domplatz und nahmen das Haus des Heiligen in Besitz. Er hatte sie zu sich geladen, und sie waren gekommen, durch das Kantabrische Meer und die beängstigenden Schluchten von Roncesvalles, über das stürmische Hochplateau von Aubrac und die brennende Ebene der Meseta. Sie hatten keine Mühen und keine Schmerzen gescheut, und jetzt wanderten sie mit verzückten Augen von Altar zu Altar und von einer Statue, einer Kapelle zur anderen, lachend, singend, schwatzend in allen Sprachen. Hatten sie je so viel Schönheit gesehen? Sie flehten um Heilung und um Vergebung, um ein Wunder und eine glückliche Heimkehr, sie warfen sich zu Boden und pressten die Hände und Stirn gegen den kühlen Stein.

Sie hockten sich hin und verzehrten, was sie mitgebracht hatten, sie legten sich auf den Emporen schlafen, die ganze Nacht durften sie bleiben.

Am nächsten Morgen brachten sie ihre Opfergaben dar und hörten die Messe, sie beichteten und gingen zum Tisch des Herrn in der Kapelle der Könige von Frankreich. Dann warteten sie, manchmal in endlosen Reihen, vor der reich geschmückten Statue des Apostels, sie duften sie berühren, sie durften sie küssen, sie durften dem heiligen Leichnam ganz nahe sein. Empfang und Abschied zugleich.

Seit dem 14. Jahrhundert bekamen sie es alle auch schriftlich und konnten es anschauen und mit sich heimnehmen: Sie waren in Santiago gewesen und hatten ihre Pilgerpflicht „ordnungsgemäß durchgeführt", Gott hatte den armen Sündern verziehen. Den echten Jakobspilgern jedoch, denen, die die wahre Frömmigkeit hierher geführt hatte, war darüber hinaus etwas geschehen, was einem, der ihnen gleich ist, auch heute geschehen kann. Das Leben, mit allem, was so wichtig erscheint, Besitz, Erfolg, gesellschaftliche Anerkennung, ja selbst die Gesundheit, wird plötzlich am Leben des Fischers aus Galiläa gemessen. Der nichts besessen hat und nie ein mächtiger Mann war, der aber von Christus berufen wurde, die bestürzende Gottesgewissheit zu erleben, die Verklärung, das Leid des Kreuzigungstages, die Freude der Auferstehung, das Pfingstwunder – und dessen Spur sich später im Dunkel der Legende verlor.

Und man beginnt sich diesem Mann zuzuwenden, um ihn in Santiago zu finden. Selbst wenn er zu keiner Stunde dort gewesen sein sollte.

ZEITTAFEL

Um 44	Der Apostel Jakobus der Ältere, Sohn des Zebedäus und Bruder des Evangelisten Johannes, stirbt unter Herodes Agrippa I. in Jerusalem den Märtyrertod
507–711	Reich der Westgoten mit der Hauptstadt Toledo
570–632	Mohammed
610	Mohammeds Vision
630	Mohammed erobert Mekka
660–750	Das Omajjadenkalifat in Damaskus
698	Die Araber erobern Karthargo
711	Berber und Araber setzen nach Spanien über und erobern Toledo und Córdoba. Der letzte Westgotenkönig Roderich fällt.
712–713	Eroberung Spaniens mit Ausnahme von Asturien, Kantabrien und Galicien
718	Erste christliche Erhebung unter Pelayo (Pelagius), einem westgotischen Adeligen
719	Erste muslimische Truppen erreichen Avignon und Lyon.
722	Sieg Pelayos bei Covadonga in den asturischen Bergen. Einleitung der Reconquista
732	Karl Martell besiegt die Araber in der Schlacht bei Tours und Poitiers.
734	Galicien wird von den Mauren erobert.
737	Alfonso I., König von Asturien, befreit Galicien und gliedert es seinem Reich ein.
751	Endgültiger Rückzug der Araber aus dem Gebiet nördlich der Pyrenäen
756	Gründung der Omajjadendynastie in Spanien unter Abd-ar-Rahman. Córdoba wird Hauptstadt von Al Andaluz.
768–814	Karl der Große, König der Franken
778	Karl der Große dringt nach Nordspanien ein, muss sich aber zurückziehen. Die Nachhut (Roland) wird von den Basken in Roncesvalles vernichtend geschlagen.
800	Krönung Karls des Großen zum Kaiser des Römischen Reiches in Rom
Um 800	Beginn der Besiedlung und Einigung Kastiliens
801	Die Franken besetzen Barcelona.
Um 813	Am äußersten Ende von Galicien wird ein Grab mit einem Leichnam gefunden, den man für die Reliquie des Apostels Jakobus hält. Alfonso II., König von Asturien und León, lässt eine Kirche und ein Kloster bauen, Santiago de Compostela ist geboren
844	Der Nachfolger Alfonsos II., Ramiro I. von Asturien, siegt in der legendären Schlacht von Clavijo gegen die Mauren. Dabei soll der Überlieferung nach Jakobus zu Pferd erschienen sein und den Christen beigestanden haben.
850	Asturien weitet sich bis zum Duero aus.
850–859	Christenverfolgung in Córdoba
866	Heftige Kämpfe gegen die Omajjaden, verstärkte Besiedlung der Duero-Ebenen
899	König Alfonso III. von Asturien und León lässt die Kirche von Santiago erweitern, da sie die Zahl der Pilger nicht mehr fassen kann.
900	Der Bischofssitz wird von Iria Flavia nach Santiago verlegt.
905	Sancho I. gründet das Königreich Navarra.
910	Gründung der Abtei Cluny
918	Asturien, das erste christliche Königreich in Spanien, wird um das Gebiet um León erweitert. Hauptstadt León.

951	Der erste namentlich genannte Jakobspilger aus dem Ausland ist Bischof Godeschalk (Godescalcus) aus Le Puy.	*1132*	Gründung des Hospitals von Roncesvalles
978	Al-Mansur reißt die Macht im Kalifat an sich und plündert 981 Zamora, 985 Barcelona, 988 León.	*Um 1139*	Fertigstellung des „Codex Calixtinus" mit seinem „Reiseführer", vermutlich durch den aus der Region Poitou-Charentes stammenden Priester Aimeric Picaud
997	Eroberung und Plünderung von Santiago, Zerstörung der Jakobskirche	*1148–1248*	Dynastie der Almohaden in Spanien
Um 1000	König Alfonso V. von Asturien und León läßt in Santiago eine neue Jakobskirche bauen.	*1158*	Gründung des spanischen Ritterordens von Calatrava
1002	Tod Al-Mansurs	*1170*	Gründung des Ritterordens von Santiago
1009–1027	Das Reich der Omajjaden zerfällt in 23 winzige Nachfolgestaaten, die sogenannten Taifas.	*1211*	Einweihung der Kathedrale von Santiago
1031	Offizielles Ende des Kalifats von Córdoba	*1212*	Entscheidungsschlacht von Las Navas de Tolosa. Sieg des christlichen Heeres der Könige von Kastilien, Aragón und Navarra über die Almohaden
1035–1065	Fernando I. erweitert das leonesische Königreich um Galicien, Kastilien und Rioja.		
1040–1099	Rodrigo Díaz, El Cid	*Um 1214*	Franz von Assisi pilgert nach Santiago.
1064	Französische Truppen greifen in den „Kreuzzug" gegen die Muslime ein.	*1221*	Baubeginn an der Kathedrale von Burgos
1065	Christenmassaker in Zaragoza, der Papst nimmt sich der Reconquista an.	*1230*	Galicien, nach Ende der maurischen Herrschaft zumeist Teil von León, geht an Kastilien.
1078	Baubeginn einer neuen, der heutigen Kirche von Santiago, da die alte aus dem Jahr um 1000 die Pilgermassen nicht mehr aufnehmen kann.	*1236*	Fernando III., der Heilige, erobert Córdoba.
		1246	Granada wird Vasallenkönigreich Kastiliens.
		1248	Fernando III. von Kastilien erobert Sevilla.
Um 1078	König Sancho I. Ramirez von Aragón lässt in Somport das berühmte Hospiz Santa Cristina bauen.	*1252*	Tod Fernandos III.; ganz Spanien steht bereits unter christlicher Souveränität.
		Um 1254	Baubeginn an der Kathedrale von León
1085	Alfonso VI. erobert Toledo.	*1291*	Die Mamelucken erobern Akkon. Ende der Kreuzzüge
1086–1157	Dynastie der Almoraviden in Spanien	*1474–1504*	Isabella „die Katholische" von Kastilien
1095	Ausrufung des ersten Kreuzzugs	*1479–1516*	Fernando von Aragón
1099–1143	Lateinisches Königreich Jerusalem	*1492*	Granada fällt nach zweijähriger Belagerung.
1105	Einweihung eines Teiles der Kathedrale von Santiago	*1495*	Herman Künig von Vach veröffentlicht „Die Walfart und Straß zu Sant Jacob".
1127	Gründung des Templerordens		

1499	Arnold von Harff veröffentlicht seinen Reisebericht „von Cöln durch Spanien".
Um 1500	Berichte der beiden Jakobspilger Jean de Tournai und Jean de Zielbeke tauchen auf.
Um 1500–1648	Humanismus und Reformation bewirken einen starken Niedergang des Pilgerwesens auf dem Jakobsweg. Die Gegenreformation weckt wieder neues Interesse am Jakobsweg.
1562	Das Konzil von Trient bestätigt Rechtmäßigkeit und Bedeutung des Heiligen- und Reliquienkults.
1589	Die Reliquien des heiligen Jakob werden vor einer möglichen Invasion des englischen Admirals Sir Francis Drake verborgen.
1676	Domenico Laffi, ein Geistlicher aus Bologna, veröffentlicht seinen Reisebericht „Viaggio in Ponente a San Giacomo di Galitia et Finisterrea".
1738–1750	Der Architekt Fernando de Casas y Novoa errichtet die barocke Westfassade der Kathedrale von Santiago.
1879	Neuentdeckung der Reliquien des heiligen Jakob in der Apsis hinter dem Hauptaltar und der Mauer, die die Apsis abschließt.
1884	Papst Leo XIII. lässt in der Bulle vom 1. November die Reliquien für echt erklären.
1954	Angelo Roncalli, der spätere Papst Johannes XXIII., besucht als Patriarch von Venedig Santiago.
1982	Wenn das Fest des Apostels am 25. Juli auf einen Sonntag fällt – wie in diesem Jahr –, wird in Santiago de Compostela das Heilige Jahr gefeiert: Papst Johannes Paul der II. besucht Santiago de Compostela.
1987	Der Europarat erhebt die Wege der Jakobspilger in Europa zur ersten europäischen Kulturstraße (Council of Europe Cultural Route).
1993	Die UNESCO würdigt den Camino Francés als Weltkulturerbe der Menschheit.
1998	Auch die vier französischen Hauptwege erhalten den Status eines Weltkulturerbes der Menschheit.
2004	Im Heiligen Jahr besuchen mehr als zwölf Millionen Menschen Santiago de Compostela.

QUELLEN

Barett, Pierre / Gurgand, Jean–Noël: Unterwegs nach Santiago. Auf den Spuren der Jakobspilger, Freiburg i. Br. 1982 (bearb. Neuausgabe 2004).

Bonnault d'Houët, M. de: Le pèlerinage d'un paysan picard, Montidier 1890.

Bottineau, Yves: Der Weg der Jakobspilger, Bergisch Gladbach 1987.

Charpentier, Louis: Santiago de Compostela. Das Geheimnis der Pilgerstraßen, Olten / Freiburg i. Br. 1979.

Domke, Helmut: Spaniens Norden. Der Weg nach Santiago, München 1973 (vollst. überarb. Neuausgabe 1999).

Durant, Will: Kulturgeschichte der Menschheit, Lausanne 1970.

Fichtenau, H.: Zum Reliquienwesen im frühen Mittelalter (Mitteilungen des Instituts für österreichische Geschichtsforschung 60/1952).

Franzen, August: Kleine Kirchengeschichte, Freiburg i. Br. 1973 (erw. Neuausgabe 2008).

Groote, E. von: Die Pilgerfahrt des Ritters Arnold von Harff von Cöln durch Spanien, Köln 1860.

Herbers, Klaus: Der Jakobskult des 12. Jahrhunderts und der „Liber sancti Jacobi" (Historische Forschungen 7), Wiesbaden 1984.

Herbers, Klaus: Der Jakobsweg. Mit einem mittelalterlichen Pilgerführer unterwegs nach Santiago de Compostela, Tübingen 1986 (7. Aufl. 2001).

Hüffer, Hermann J.: Sant'Jago, München 1957.

Hummer, Franz: Medjugorje, Graz 1986.

Jacobus von Varazze (Voragine): Legenda aurea, Jena 1917

Klein, Hans-Wilhelm: Die Chronik von Karl dem Großen und Roland, München 1986.

Kriss-Rettenbeck, L. / Möhler, G.: Wallfahrt kennt keine Grenzen, München/Zürich 1984.

Künig, Hermann von Vach: Die Straß zu Sankt Jakob: der älteste deutsche Pilgerführer nach Compostela, hrsg. von Klaus Herbers und Robert Plötz, Ostfildern 2004.

Laffi, D.: Viaggio in Ponente a San Giacomo di Galitia et Finisterrea, ed. Anna Sulai Capponi, Napoli 1989.

Lenzenweger, Josef / Stockmeier, Peter / Amon, Karl / Zinnhobler, Rudolf (Hg.): Geschichte der katholischen Kirche, Graz 1986.

Lomax, Derek W.: Die Reconquista, München 1980.

Malangré, Heinz: Auf Pilgerfahrt nach Santiago de Compostela, Aachen 1987.

Morris, James: 3 x Venedig, München / Zürich 1983.

Oursel, Raymond (Hg.): Die Pilgerwege nach Compostela (Texte des hl. Augustinus u. a.), Würzburg 1971.

Oursel, Raymond / Jean-Nesmy, Claude: Pilgerwege nach Santiago de Compostela durch Frankreich und Spanien, Würzburg 1990.

Pobé, Marcel: Provence, Olten/Freiburg i. Br. 1978 (1989^{14}).

Purchas, H.: His Pilgrims, 1425. Glasgow 1905–07.

Sing, Hansjörg: Der Jakobsweg, Ulm 1985 (1993^3).

Neuausgabe

© Verlag Herder GmbH, Freiburg im Breisgau 2009
Alle Rechte vorbehalten
www.herder.de

Abbildungen auf dem Umschlag:
Vorderseite: (oben) Santiago de Compostela, Blick vom Parque de Herradura zur Kathedrale
(unten) Castrojeriz, Bauernhaus am Rio Odrilla
Rückseite: (oben) Camino bei Tähara
(unten) Porta Speciosa, Leyre (12. Jh.)
Fotos: © Rolf Hesse

Abbildungen im Innenteil: © Rolf Hesse
außer (Seitenangaben):
23, 46, 62 f., 89: Fotolia.de
45: iStockphoto.com
163: © Andreas Drouve
164: © tourgalicia
17, 33, 38, 64 aus: Der Jakobsweg. Mit freundlicher Genehmigung von EMB, CH-Adligenswil
29, 30, 44: The Yorck Project; 10.000 Meisterwerke der Malerei
42, 65, 91, 147, 155, 156, 157: Verlagsarchiv Herder
161: Abdruck der Pilgerurkunde mit freundlicher Genehmigung von Bruno Noé, Kraichtal

Nachdichtungen der alten Pilgerlieder von Amélie Cimber

Redaktion: Beate Vogt
Umschlaggestaltung: Finken & Bumiller
Innengestaltung:
Weiß-Freiburg GmbH, Graphik & Buchgestaltung
Herstellung: Himmer AG, Augsburg

Gedruckt auf umweltfreundlichem, chlorfrei gebleichtem Papier
Printed in Germany

ISBN 978-3-451-32197-9